仏教名句・名言集

大法輪閣編集部［編］

大法輪閣

目次

原始経典……13

大乗経典……31

中国の禅僧・居士

浄土宗

浄土真宗

時宗

臨済宗

装丁……清水良洋（マルプデザイン）

原始経典

愚かな者を道《みち》づれとするな、独りで行くほうがよい。孤独《ひとり》で歩め

——釈迦（『ダンマ・パダ』）

「朱に交われば赤くなる」といった類の教えである。仲間の中におれば遊戯と歓楽とがある。しかし自分が余程しっかりしていないと、歓楽におぼれ、自分自身を失わせてしまいがちである。釈迦は当時の人間をも次のように見ていた。「今の人々は自分の利益のために友と交りを結び、また他の人のために何かをする。今日、利益をめざさない友は得がたい。自分の利益のみを知る人間は愚かである」と。

三毒《さんどく》（むさぼり・いかり・おろかさ）にかり立てられながら、それが自分の生きる道であると平然としている者は愚かな者である。自分が愛しいにもかかわらず、自分を悪の道に導いてゆくような者は愚か者である。「みんなですれば恐くない」の意識を持ってしまえば、もう立派な愚か者の一人となってしまう。そのような場合は独りでする方がよい。また言う、「旅に出て、もしも自分よりもすぐれた者か、または自分に等しい者に出会わなかったら、むしろきっぱりと独りで行け」とも。

本当に自分の人生の幸福を求めようとする者は、時として毅然とした態度を取ることが必要である。それを経は「犀《さい》の角《つの》のようにただ独り歩め」とも教える。求道の者は他の人々からの悪の道への勧誘や悪口や中傷にわずらわされることなく、ただ独りで、自らの信じた道にしたがって生きてゆくようにすることがよい、犀の角が一つしかないように、といった意味である。

このことから、昔は修行者たちはみんな林や山の中で独りで修行していたようである。我々のように人の世界に生きる者にとっては、精神的にこのような意識を保っておかないといけないということだろう。

なにしろ、悪の誘惑に満ち満ちた今の世であるからなおさらである。

（田中典彦）

諦《あき》らかに聞け、そして善く考えよ！（諦《たい》聴《ちょう》善《ぜん》思《し》）

——釈迦（『サムユッタ・ニカーヤ』ほか）

釈迦は重要な教えを説くにあたって、くり返しくり返しこの言葉を言う。「君たちは諦《あき》らかによく聞いて、そしてよく考えてみるがよい」と。後に「諦聴諦聴、善思念思」と記されることもある。そしてさらに展開して、聞《もん》・思《し》・修《しゅ》へとつながってゆく。釈迦は一方的に自分の教えを説き聞かせただけではない。よく理解し、そして考えてみることを促しているのである。教えられていることをよく聞いて、よく理解し自らも考えて、そしてそれを修習《しゅうじゅう》することが勧められているのである。まさに、ものごとを体得するための三原則と言えようか。

現今、教育が再び重大な問題となってきている。これまでの知育だけでは、知識のみを持ったクイズ的な人間を育てることになり、自分のこと、人間のこと、さらに広く地球全体のこと、そして自らの生き方の意味を問い、価値を問うような人間の育成にはつながっていないからであろう。聞いて、つまり教えられて得られた知識が統合され、理解と考えを通じて修習され、そして自分の生きる力となってゆくような教育が目指されるようにと、転回される必要があるのである。

生きる力を身につける三原則が釈迦によって弟子たちに適用され、そして仏教の場合、それは悟りの境地の体得へ導くものであったのである。

（田中典彦）

眠れぬ人には夜は長く、疲れた人には一里は遠い

――釈迦（『ダンマ・パダ』ほか）

同じ夜であっても、一里という距離であっても、眠れない人には長く感ぜられ、疲れた人にとっては遠く感ぜられるのは、大抵の人が経験するところであろう。仏陀は、それと同様に、正しい真理を知らない者にとっては生死の道のりは長く、遠いものと感じられるであろう、と説くのである。

しかし感じられるだけなのではなくて、実際に長くて、遠いのである。こういうのは感覚的時間なのであろうが、当人にとっては事実そうなのである。

この類のことは日常生活にも多く感じ取れる。ある技術に熟達した者にとっては、それはいとも簡単なこととしてあるのであるが、そうでない者にとっては、それは大変難しいことであるといったようにである。

例えばパソコンがそうである。若者はその技術をいとも簡単に手に入れる。それは「やろう」という意志が興味とも重なって、努力するからである。そして熟達した彼らの姿を見ていると本当に楽しそうに、しかも容易に操作しているように見えるし、事実当人にとっては容易なのである。しかし、そのような精密機械の操作におっくうさを感じる者にとっては、それは難しいことであり、

自分にとっては程遠いものであるように感じ取ってしまうものである。

ここでは、その道に入ろうとするか否かの本人の意志と努力が問われていることになるだろう。したがって、これはいかなる事柄にも通じることと言い得よう。仏への道もまたそうであって、発《ほっ》心《しん》（道に入ろうとする意志を起こすこと）と精進が大事なのである。人生に関する正しい真理を知ろうとしない、したがって知らない者にとっては、迷いの在り方が長いものとなるだろうというのである。

（田中典彦）

蜜蜂は花の色香を害《そこな》わずに、蜜をとって花から飛び去る

—釈迦（『ダンマ・パダ』）

蜂は蜜をとるために花にやってくるが、蜜のみをとって花の色や香りや形を少しも損ねない。修行者の行為の鉄則を喩えたものであるが、実に意味深重な教えである。

一つ一つの行為は目指すものを明確にもっていて、的確にそれのみがなされるべきである。例えば、仏陀当時の修行者が村に入るのは乞食《こつじき》のためである。この場合の乞食は村の人々に布施の行（与える喜び）を積んでいただくチャンスを与えることであり、修行者の側からは仏の教えを伝える機会を得ることである。それらがまっとうに行われるべきであって、村人の生活を損うようなものであってはならないのである。つまり自分の行為が決して「自分だけよかれ」とするものであってはならない。蜜蜂の場合には花に受粉のチャンスを与え、自らには生命をつなぐ蜜をいただくといった双方向の意味が込められているのであろう

か。

それにしても、我々の世界では「自分だけよかれ」の在り方が行き渡ってしまっているようである。花や果実を得るのに根こそぎ採ったり、葉っぱを食するだけなのに根こそぎ採ったりするのである。確実にそれらの生命そのものまでをも奪ってしまうことになる。人間関係においてもまたそうである。自分の喜びや楽しみを得るのに、他の人の迷惑などを一向に顧《かえり》みることがない。そのような行為が多々見受けられる。

（田中典彦）

諸悪莫作《しょあくまくさ》、衆善奉行《しゅぜんぶぎょう》、自浄其意《じじょうごい》、是諸《ぜしょ》仏法《ぶっぽう》

—釈迦（「七仏通誡偈《しちぶつつうかいげ》」『出曜経《しゅつようきょう》』ほか）

仏教とは何か、という問いに端的に答えた教えである。字義のまま読んでみると「諸《もろもろ》の悪を作《な》すことなかれ、衆《おお》くの善《ぜん》を奉行《ぶぎょう》せよ、そして己れの心を浄《きよ》らかにせよ、これが多くの仏の教えなり」となる。世の中には「仏教って何なのか、さっぱり解らん」と思っている人が多くいるであろう。仏教とはこれなのである。

その昔唐の時代、白楽天《はくらくてん》という有名な漢詩人がおった。この人の活躍していた時、中国では仏教が最も盛んに行われていた。白楽天は、インドから伝えられた仏教とはいかなることを教えるものであるかに関心をもった。経は沢山あるが、いずれもその内容は難解である。「さっぱり解らん」と思った彼は、わかり易く教えてくれる坊さんを探し求めた。ちょうどその頃、一人の著名な坊さんがいた。名を道林《どうりん》という。そこで白楽天は道林のところへ出掛けて、尋ねた。「仏教とは何なのか、私にも解るように簡単に教えて欲しい」と。

しばし考えた後、道林が答えた。「諸悪莫作、衆善奉行……」と。

「悪いことはするな、善いことをなせ……」それが仏教なのか、と白楽天は念をおして聞いた後、「それくらいのことなら、三つの子供でも解っていることではないか」と言ってしまった。それを耳にして道林は「そうじゃ、教えられていることは三歳の子供でも解るんじゃが、八十年生きてきた者でもそれを実行することは難しいのじゃ」と言ったと伝えられている。

釈迦

悪いことであると知ってはいてもそれを止められず、善いことであると知ってはいてもそれを実際に行うことのできない人間の在り方と共に、仏教とは知っているだけでは何にもならない、実践されなければならない、そして自分の心を浄める教えであることが伝えられている。（田中典彦）

田畑は雑草によって害《そこな》われ、この世の人々は貪《とん》・瞋《じん》・痴《ち》（三毒《さんどく》）によって害われる

——釈迦（『ダンマ・パダ』）

ほんの少し気をゆるすと、いつの間にか大きく育つのが雑草である。「育てようとするものは育ちにくいが、余計なものはすぐ育ち、繁殖するなあ――」とは農家の人たちの実感であろう。雑草によって田畑が害われてゆくのと同じように、我々人間は三毒によって害われるのである。三つの毒とは貪《むさぼり》・瞋《いかり》・痴《おろかさ》のことであるとされている。

飽くことのない欲望が貪である。一つのものを手に入れればすぐに次のものを手に入れたい、あってもあってもまだ欲しいという心のことである。成就すれば喜び、そうでなければ苦を感じ、一喜一憂するのである。

瞋《しん》とは怒りのことである。時々の自分の勝手な気分によって、ちょっとしたことで腹を立てる。自分の失敗であるにもかかわらず、人のせいにして怒る。

痴とは愚痴《ぐち》のことであって、迷妄のことである。つまり本当のことを知らないことであり、知ろうとしないことである。世界とは何であり、私とは何であり、どう生きてゆくべきかについて本当に知ることがない。種々の欲望にかり立てられて生きている間に老い、そして死を迎えてゆく。そこには人間としてこの世に生命を与えられ、いろんな力によって生かされていることの意味や価値をわきまえることがない。

一喜一憂の中の幸福ではなく、真の幸福、心の平安を求めるためには、これら三毒を除き去るべきであると仏は教える。しかしそれは大変困難なことなのである。なぜなら、それらは雑草の如く、ちょっと気をゆるすとすぐに芽ばえるからである。そこで精進力《しょうじんりき》が求められる。しつづけることが必要となるのである。実にこの世界を眺めてみると、おおよそすべての出来事は人間のこれら三毒によって起こっていることは明らかであろう。

（田中典彦）

実に自己は自分の主《あるじ》である。自己は自分のよるべなり

―釈迦（『ダンマ・パダ』『ウダーナ・ヴァルガ』）

仏教とは自己の在り方を教えるものであると捉えてもよいほど、自己に関する教えを多く説いている。この句もまた自己の生き方を教えるものである。残念ながら人間は他人の心の主になることはできない。自分の心の主人になることさえ難しいものだ。この世を生きてゆくのに最も身近で、最も大事な自分さえわからないのが常である。

メダカの学校ではないが、「ちょっと覗いて見てごらん、自分の心の奥の底」、実に多くのタイが住んでいることがわかるであろう。赤いタイ、黒いタイ。赤いのが「～しタイ」というものであるとすれば、黒いのが「～しタクナイ」というタイである。一言でいえば煩悩であり、欲望である。「食べタイ」「飲みタイ」「遊びタイ」などのタイは外の世界に向かって極めて積極的であり、ますます大きく育ってゆく。

心という海の底、泥に埋って眼ぐらいしか出していないかも知れないタイが居る。少なくともこの人生「どう生きタイ」というタイである。これをできるだけ早く見つけ出して、大きく丈夫に育てることが大切なのである。後にこれは如来蔵《にょらいぞう》（仏性《ぶっしょう》）と言われることに通じる。今、日本人に求められるのは、それぞれ自己の生き方を発見し、しっかりとそれを持ち合わせることである。

「心は捉え難く、転々とざわめき、欲のままにおもむく、その心をおさめることは善いことである」（『ダンマ・パダ』）

（田中典彦）

天上天下唯我独尊《てんじょうてんげゆいがどくそん》

――釈迦（『長阿含経《じょうあごんきょう》』ほか）

釈尊誕生時に口にしたと伝えられる有名な言葉である。おそらくは、後の時代に釈尊の伝記が形成されるようになって、その偉大なることを伝えるために加えられたのであろう。天上とは宇宙、天下はこの世界のことである。「宇宙的にも世界的にも、私と呼ばれているものほどかけがえのない尊いものはない」といった意味である。

この世の中を幸福に生きて、悟りの境地に至るのも、逆に苦しみの人生を築いてしまい、ついに悟りに至りつけないのも、すべてはこの「私」と呼ばれているものに因《よ》っているのである。仏教では、全ては因《いん》と縁《えん》によって現われていると説かれている。因とは中心になる原因のことであり、縁とはそれを助ける因である。たとえば柿の種子がなければ柿の木、柿の実は現われることがない。では柿の種子だけで芽が出たり、木があり得るかというとそうではない。空気や温度、水、太陽光線等の多くのものが必要である。この場合、種子は因であり、空気・水等が縁である。

「私」を考える場合、「私」が因である。ここに「私」というも、生まれてからずっと変わらない「私」があるわけではない。それは移り変わりながら現われているものである。移り変わるからこそ、そこに自己の形成が図られるのである。そのような意味で、人間の尊さと自己形成とを教えたものであると言い得よう。興味深いことに、このことは釈迦がこの世を去ってゆく時の遺誡《ゆいかい》に呼応している。

「実に自己は自分の主である。自己は自分のよるべなり」（『ダンマ・パダ』『ウダーナ・ヴァルガ』）。

（田中典彦）

自己を燈火《ともしび》とせよ、法を燈火とせよ
——釈迦（『大般涅槃経《だいはつねはんぎょう》』）

釈尊がこの世を去ってゆく時に、弟子阿難《あなん》に告げたとされている教えで、仏の遺言とも受けとられている。「自己を洲《しま》とせよ、法を洲とせよ」とも漢訳されている。誕生時の言葉「天上天下唯《てんじょうてんげゆい》我独尊《がどくそん》」と内容的に呼応していることが興味深い。

燈火は種々暗いこと、苦しいことの多いこの世を生きてゆくために、足元を照らし出してくれるものである。洲とする場合は、海や川や湖の中に現われる洲のことである。インドでは川にしても極めて大きい。しかも洪水に見舞われることも多い。その時には洲は生命のよりどころとなる。このような意味から「自己をよりどころとせよ、法をよりどころとせよ」ということを示すこととも なる。

自己をよりどころとするとは、自己こそが悟りへのよりどころであり、この生涯を幸福に生きてゆくためのよりどころであるということになるのである。自己が無であればそれらを成就する因《いん》がないことになる。自己こそが頼りであり、指針であるということを教えている。法は直接的には仏の教えのことである。釈迦は真理を悟って仏陀となり、それを説き示したのが仏教である。したがって、その教えは真理そのものを説いたこととなる。であるから真理を、正しいことを燈火とせよ、洲とせよということとなる。

我々の生き方は自分自身が根本であり、それを悟りに向かって形成するには仏法を根本にしてゆくべし、と遺言したのである。

（田中典彦）

過去を追わざれ、未来を願わざれ、今なすべきことをなせ

――釈迦（『マッジマ・ニカーヤ』）

当然のことではあるが、我々はもう昨日を生きることはできない。また未来を生きることもできない。生きているのは今という時を生きているのである。今があってこそ、未来があるわけである。

今していることに心をしっかりと通わせてこそ、満足感が得られ、喜びを得ることができるのである。花を育てるのが好きな人は花に心を通わせる。水を与える時には「ほら！　喉がかわいたかい、水をやるよ」。花は腹をすかすわけではないが、肥料を与える時には「お腹がすいたかい、食べものをやるよ」とつぶやきながら育てる人がいる。このようにして育てた花が咲いた時、実は放っておいても花は咲くのであるが、何となく他の花よりきれいに思えて喜ぶのである。

遊びでもまたしかりである。心を通わせてやるからこそ、面白く感じるのである。仕事もまたしかりである。一生懸命仕事に打ち込んだからこそ、それをやり終えた時に満足感を得ることができるものである。

花が喜びをくれるわけではない。仕事が満足感を与えてくれるわけではない。いかに自分が心を通わせたかによって、喜びや満足感が得られるのである。それが育て甲斐であり、仕事のし甲斐である。同じように、今の自分が生きるのに心を通わせてこそ、生き甲斐が得られるのである。どうもそれが心の仕組みであるらしい。

（田中典彦）

怨《うら》みは怨みをもって息《や》むことなし
——釈迦（『ダンマ・パダ』ほか）

これは『ダンマ・パダ（真理のことば、の意）』という詩句の集成に含まれ（第五詩節）、同時に、『ウダーナ・ヴァルガ（感興のことば、の意）』にも含まれる（第一四章・第一一詩節）言葉である。先ずこの詩節の翻訳を掲げてみよう。

この世においては、怨みをもってしては怨みはけっして鎮《しず》まることはない。〔怨みは〕怨みを抱かぬことによって鎮まる。これは永遠の理法である」

この中の「怨みを抱かぬことによって鎮まる」の部分は、『ウダーナ・ヴァルガ』では、「忍耐によって鎮まる」となっている。

この詩節について『ダンマ・パダ』の注釈書は次のような因縁話を記している。

ある家長が死んだ。家長の妻はその一族が絶えてしまうのを恐れ、息子が気に入っている家から娘を連れて来て息子の嫁にした。しかし彼女は妊娠しなかった。

嫁は、ある家の娘を自ら選んで、夫のためにもう一人の妻として連れて来た。しかし第一の妻は、第二の妻が懐妊したら第二の妻が主婦の座につくに違いないと恐れ、第二の妻が懐妊するごとに流産するよう薬を盛った。流産は二度に及んだ。隣家の妻の忠告でそれに気づいた第二の妻は、三回めの妊娠を隠したが、胎児が大きく成長し過ぎたため死亡し、その同じ家で猫として生まれた。第一の妻も、そのことを知った夫に打たれて死に、その同じ家でめん鳥として生まれた。

猫は前世の怨みによりめん鳥が卵を生むたびに

それを食べた。めん鳥は次に雌豹に生まれ、猫は雌鹿に生まれたが、前世の怨みにより雌豹は雌鹿の子を食った。

次に雌鹿は鬼女に、雌豹は家柄のよい娘として生まれた。娘はやがて結婚し子を生んだが、鬼女は娘の友人と称して子を奪い食ってしまった。こうして鬼女は娘の子を二人食ってしまった。三人目の子を身ごもったとき、妻は実家で出産したいと言い、実家で息子を出産した。

子供の命名式の日に、妻は子を連れて婚家に夫と共に帰ろうとした。その道すがら、僧院の近くで彼女が沐浴し、次に夫が沐浴しているとき、鬼女が襲って来た。夫を大声で呼んだが、夫が戻るのを待ちきれず、妻は子を抱いたまま僧院に駆け込んだ。折しも僧院では釈尊が聴衆の中央で教えを説いていた。妻は子を釈尊の足もとに置き、「この子を貴方様に差し上げます。わたしの息子の命を助けてください」と願った。釈尊はアーナンダ（阿難）に命じ、鬼女を連れて来させた。

そこで説いたのがこの詩節であるとされるのである。釈尊の教えによって怨みの恐ろしさを知った彼女らは、互いに愛し合い、幸福を実現したと言われる。

（松濤誠達）

もろもろの現象は移ろいゆく、怠らず努力せよ

——釈迦（『マハーパリニッバーナ経』）

八十歳の釈尊はパーヴァーというところでチュンダという鍛冶職《かじしょく》の招待を受けた。しかしその折りの食事によって釈尊は死にいたる病にかかることになったのである。その食物はスーカラ・マッダヴァと呼ばれているが、それがどのような料理

であったのか、諸説があって、いまだにそれを特定できない。しかし釈尊はそのため激しい病を発し、多分血液の混じった下痢とも思われる症状がおこったと考えられる。

釈尊は病をおしてクシナーラーに向かい歩き続ける。そしてついにクシナーラーのマッラという部族のサーラ樹の森に到着した。釈尊は、アーナンダに命じて、一対になっているサーラ樹（これをしばしば「沙羅双樹《さらそうじゅ》」と呼び習わしている）の間に、頭を北に向けて床をしつらえさせると、自身は右脇を下にして横たわり、足の上に足をおき、心を正しく保っていたと言われる。そのとき一対になっているサーラ樹は、その時期でもないのに満開となったという。

釈尊は、アーナンダに対し、出家修行者たちは完全な人格者（＝如来《にょらい》）の遺骨にたいする供養をなしてはならないと諭《さと》すのである。

それからいくつかのことがあって、釈尊は次のように言っておられる。

「このとき尊師は出家修行者たちにおっしゃった。『よいか、出家修行者たちよ、おまえたちに今告げよう。もろもろのことがらは衰微する性質をもっている。怠らずに〔目的を達成するよう〕努力せよ』と、これが完全な人格者（＝如来）の最後の言葉である」

ここに記されている通り、これが釈尊の最後の言葉だった。

私は、「怠らずに、〔目的を達成するよう〕努力せよ」というところに、釈尊の万感の思いが込められていると思われてならない。仏教における実践は、最後まで渾身の努力をするところにその意義をもつのだ、と釈尊は現代の我々にまで説き続けているのではないだろうか。
（松濤誠達）

殺すなかれ、人をして殺させるなかれ
——釈迦（『ダンマ・パダ』）

出家修行者が守るべき生活規範を「戒律《かいりつ》」ということはあらためて言うまでもない。このうち「戒」は出家修行者たちが自発的に率先して守らねばならない生活規範であり、したがって在俗の信者たちが守るべき生活規範とたがいに通じる面をもっている。これに対し「律」は、出家修行者に関してのみ定められた生活規範である。とくに後者は、出家修行者の誰かが何か事件を起こした場合、その都度その都度に定められたものである。それを随犯随制《ずいぼんずいせい》という。そして「律」には犯した場合の罰則がある。

釈尊の在世時代に、戒律に関して種々のトラブルを起こした出家修行者は、「十七人の出家修行者のグループ（十七群比丘《びく》）」、「六人の出家修行者のグループ（六群比丘）」などとして言及されることがある。『ダンマ・パダ』の注釈書によると、「殺すことなかれ、人をして殺させることなかれ」という言葉は、これら二つのグループの間のトラブルにかかわっているとされる。

十七群比丘がベッドと座席とを調えたとき、六群比丘がやって来て次のように言った。

「我々の方が年長である。だからこれは我々のものだ」と。十七群比丘が、「私たちが最初に調えたのだから、お前たちにはやらない」と答えたので、六群比丘はかれらを打ちすえた。十七群比丘は死の恐怖におびえて大声をたてた。釈尊はその声を聞いて「何事か」と尋ねられた。事の子細

を聞くと釈尊は、殴打することに関する戒律の箇条を定められ、次の詩節を唱えられた、と注釈書は記している。その詩節とは、

「すべてのものは刑罰を恐れ、すべてのものは死を恐れる。〔すべてのものが〕自分自身と等しいと考えて、〔なにものをも〕殺してはならない。〔人をして〕殺させてはならない」（『ダンマ・パダ』一二九）

実は『ダンマ・パダ』における次の詩節も「殺すなかれ、人をして殺させるなかれ」という言葉を含んでいる。

「すべてのものは刑罰を恐れ、すべてのものにとって生命はいとおしい。〔すべてのものが〕自分自身と等しいと考えて、〔なにものをも〕殺してはならない。〔人をして〕殺させてはならない」（『ダンマ・パダ』一三〇）

後者に関して注釈文献は、前者の詩節について記したのと同様の事件が起こったとし、釈尊は同様にこの詩節を唱えた、と述べている。

（松濤誠達）

人身《にんしん》受《う》け難《がた》し　―釈迦

最初期の段階から、仏教は輪廻《りんね》思想を認めていた。簡単に述べれば、我々人間は生存中の種々さまざまな行為によって、死後の状態が決定され、次から次へとさまざまな生存の状態を繰り返す、という理解を「輪廻」というのである。

釈尊はもろもろの煩悩を断ち切り、ニルヴァーナ（涅槃《ねはん》）を達成した。それは、もはや輪廻の生存のなかに再び生まれることがないということを意味している。我々が目指すのも、実は釈尊が実現したと同じニルヴァーナであるわけだ。

仏教では、こうした輪廻のなかにあっては「人間」として生まれるのも極めて難しいことだ、と考えるのである。すなわち、人間として生まれれば、たとえ釈尊自身には会えなくても、釈尊の教え（＝仏教）に触れることができる可能性をもっているわけだから、たいへん幸運なのであり、こうした幸運はめったに得られない、ということなのである。我々は、幸いにも前世で善い行《おこな》いを為すことができたからこそ、幸運にも現在人間としてこの世に生活しており、仏教に接することが可能なのだ、と考えられるのである。

　しかし仏教の立場からすれば、人間として生活していても、仏教に巡り会えるのはまことに幸運であるはずだ。このように考えれば、人間として生活し、しかも幸運にも仏教に触れる機会を得た今こそ、仏教を信じ、仏教がかかげる理想に向かって我々は邁進《まいしん》すべきなのである。

（松濤誠達）

大乗経典

色即是空《しきそくぜくう》　空即是色《くうそくぜしき》　（『般若心経』）

あらゆる存在はみな空《くう》である。すべて幻のようなもので、あたかも実在するかのように見えるだけである。われわれの肉体を構成している細胞に至っても空であるし、さらに細胞を構成している要素、遺伝子に至っても、やはり空である。空である要素が集合しても、やはり空であって、決して実体などない。幻のようなものを固定的な実体と誤認しているだけである。これは仏法の真理である。

ところがこれを極端にとらえてしまうと、とんでもないことになる。「おまえも俺も所詮、幻よ、空よ」ということになると、あたたかな思い遣りのこころも出てこない。冷めきってしまう。それだから空であっても、すなわち存在としてあるのだ、空即是色だというのである。

このように、固定的な先入観を捨て執着を断ち切ってしまうことが、色即是空ということで、空はからっぽということである。からっぽになれば、あらゆる智慧が手に入る。

両手に物を持って宝の山に入っても、手の中の物にこだわって両手を開かなければ、何も得られない。両手をからっぽにすれば、仏法の真理がわかる。本物が手に入るから、空即是色というのである。

（三友健容）

如夢幻泡影《にょむげんほうよう》　（『金剛般若経』）

私たちは思いがけないことに出会うと、時に我を忘れ、時に気を動転させてしまう。親しい人の死に会うと、激しくこみ上げてくる、えも言えない感情に襲われる。

そのようなときに、いったいどのように対処すべきなのか。もう理屈を失った情況になってからでは、どのようにすべきかをとっさには考えられない。むしろ平常から、私たちがどのように心を練っておくべきかが、大事なことである。私たちは、過去の偉大な人たちから、いざというときの心構えをさまざまに学んでおく必要がある。

　私たちは、親しい者との別れの痛切さを、仏教の経典でさまざまに教えられている。教理として学ぶとき、そこに深い意義をしっかりと学んでおくことは極めて大事だが、さらにそのような教えが説かれる人間の生き方をいつも反省しておくことも忘れてはならない。そのような意味で、釈尊の死に直面した仏教徒の態度を伝える経典は、人間のぎりぎりの場面を私たちに学ばせていると思える。

　師と仰いできた釈尊を失ったとき、ある弟子は「もはや厳しい制約を課す者がいなくなったから自分たちは自由の身になった」と考えた。これもたしかに人間的な感情ではあろうが、そこには人間への深い洞察が欠けている。またある人々は手を虚空に漂わせ泣き崩れたと伝えられる。このような悲しみの感情も極めて人間的なものである。私たちは深い悲しみを癒すすべを知らないので、泣き崩れるよりほかにしかたないかも知れない。

　しかし、仏教は冷徹である。つくられたものは必ず亡びるという鉄則をしっかり見抜くことを求める。たとえすべての生き甲斐を賭けた絶対的な存在であるはずの釈尊にしても亡びてしまう、ということを冷徹に知ることを、仏教は厳しく求める。

　私たちがさまざまな思いを抱き、このようでありたいと願うものは、すべてはかないものである。釈尊は、思いにとらわれてしまうことで真実が見えない私たちの生き方に反省を迫る。何ひとつとして確実なものがないのが人生の実相であることを繰り返し釈尊は説かれた。私たちが〝……がある〟と思い、〝……である〟と思い込んでいるものは、私たちの欲望の心が生み出したものであり、それを冷徹な知性で、はかないものと知り抜くことが大事だと教えられた。人間的な感情や欲望を超えた地平に真実を見抜くことを求めている。それゆえに、釈尊は『金剛般若経《こんごうはんにゃきょう》』で、〝……がある〟〝……である〟という思いを徹底的につき崩す仏陀の境涯を説き、最後に「つくられたあらゆるものは夢・幻・泡・影の如くである」と説かれた。夢も幻も泡も影も、真実でないものや、はかないものの喩えである。

仏陀の教えや姿にしたところで、すべてはかない「如夢幻泡影」である。そこに執着してしまうなら仏陀の境涯を知ることはできない。仏教はそこまで冷徹に人生の実相を見ることを求めている。

（廣澤隆之）

応無所住而生其心《おうむしょじゅうにしょうごしん》　（『金剛般若経』）

中国で禅の第一祖が、達磨《だるま》大師である。それから第二、第三祖と禅の法《おしえ》は流れ、第五祖は弘忍《ぐにん》禅師となり、その門下に、神秀《じんしゅう》と慧能《えのう》禅師がおり、慧能禅師は六祖と称される。

慧能禅師は大変貧しい家に生まれ、山に入って薪をとってきては町で売り、それでもって母親との生活を支えていたといわれている。が、慧能禅師は広東省の生まれだし、大都会とは異った地方の人々たちの生活は、おおむね貧困であった。

その慧能禅師がまだ出家前のこと。いつものように薪を売っていた。多分、現在でもよく見うけられる光景のように、路上にしゃがんで売っていたのだろう。

そこを一人の僧が『金剛般若経』を誦して通りかかった。そしてこの「応無所住而生其心」というところにさしかかったとき、慧能禅師は大悟したと『六祖壇経』の行由一に、記されている。

出家する前に禅の極意が判ってしまうなんてすごいなと思うけれど、さて、応無所住而生其心は「まさに住する所無くしてしかも其の心を生ず」と読む。原典である『金剛般若経』第十段は「須《しゅ》菩提《ぼだい》よ、諸の菩薩摩訶薩は応《まさ》にかくの如く清浄心を生ずべし。応に色に住して心を生ずべからず。声《しょう》香《こう》味《み》触《そく》法《ほう》に住して心を生ずべからず、応に住する所無くしてしかも其の心を生ずべし」とある。

釈迦十大弟子の一人である須菩提よ。おおくの菩薩とよばれる人たちは、このように悟りの境地、清浄心を得ることができました。どうしたら清浄心を得られるか、それは色《しき》（物）にとらわれないことです。耳は声に左右されず、鼻は香りにとらわれず……といった風に、すべてがとらわれないようにすることです。とらわれることのない心（応に住する所無い）である清浄心により、はじめて自由な心（しかも其の心）が生ずるのです、と。

このあたりの境地を荻原井泉水は「豆腐」なるエッセイで次のようにしたためている。

豆腐は、「煮てもよろしく、焼いてもよろしく、汁にしても、あんをかけても、又は沸きたぎる油で揚げても、寒天の空に凍らしても、それぞれの味を出すのだから面白い」と。これが、禅の「応

無所住而生其心」だとしていた。（松原哲明）

初めて発心《ほっしん》したときに、すなわち正覚《しょうがく》を成《じょう》ず

（『華厳経《けごんきょう》』）

さとりというのは、質であって量ではない。さとりに至る道には智慧を必要とするが、その智慧に浅深があるだけである。すなわち、真剣にさとりを得ようと発心したときには、たとえ拙《つたな》くはじめてであろうとも、さとりの本質をつかんだのである。

大海の味わいを知ろうというときに、大海のすべての水を味あわない限り、わからないということでは、永遠に大海の味は捉えられない。しかし一滴を味わっても大海全体の味を知るように、初発心は正覚というさとりを得るために、一番大事なことである。

たとえ、幼子であっても生き物を慈《いつく》しむこころは、釈尊の大慈悲に通じ、かえって思慮分別があると思っているおとなの方が教わることがある。

「初心忘るべからず」という言葉がある。真剣なる初心ほど恐いものはない。（三友健容）

我《が》昔《しゃく》所《しょ》造《ぞう》諸《しょ》悪《あく》業《ごう》　皆《かい》由《ゆう》無《む》始《し》貪《とん》瞋《じん》痴《ち》

（『華厳経』）

これはもともと「我昔所造諸悪業。皆由無始貪瞋痴。従《じゅう》身《しん》口《く》意《い》之《し》所《しょ》生《しょう》。一切《いっさい》我《が》今《こん》皆《かい》懺《さん》悔《げ》」という懺悔の文の一部である。

読み下してみると、「われむかし造りたるところのもろもろの悪業は、みなはじめのない貪と瞋と痴とに由るものにして、身と口と意より生まれたるものなり。一切をわれ今みな懺悔す」となる。和訳すると、「私がこれまで重ねた悪行はは

かり知れない過去から受け継いだむさぼり、怒り、無知という三つの悪によるもので、そしてその悪行は私の身体、ことば、心の三つがしたことです。いまここに心から反省いたします」というほどの意味である。

仏教では、一般に煩悩は百八種あるといわれるが、そのなかでも重く善行の妨げになる極悪の煩悩はむさぼりと怒りと無知蒙昧《もうまい》のおろかさの三つだといわれる。この三つは人の心も身体もぼろぼろにしてしまう毒に等しいと考え、これらを三毒と呼んでいる。

要するに人々が犯すさまざまな悪行は三毒《さんどく》によって造られると考えられている。文中に「無始」とあるのは、いつからかわからないほど昔からという意味である。だから人がこの世界に生まれる前からというふうに理解しなければならない。私だけでなく、人は人に生まれたときから三毒にあやつられ、迷い、まどい、そして苦しみを繰り返してきたということである。つまり人はこの世に存在したときから、喧嘩《けんか》をし、争い、殺生し、嘘をつき、裏切り、悪口をいい、うらみ、嫉み、憂い、そして悩むことを繰り返してきたのである。

人の生活は三毒の行いの絡みであり、悪行でうず巻いているというわけである。このことを我が身に引き寄せて反省して口に唱えることを教えたのがこの懺悔文である。

これは般若三蔵訳の四十巻本『華厳経』の第四十巻行願品にある「普賢行願讃《ふげんぎょうがんさん》」中の文である。

ここにはこの懺悔文を口に唱えると仏や菩薩の隠れた助けがあり、それまで繰り返し犯した罪障がみな消されると説かれている。考えてみればこれほど有難いことはない。自分ひとりの修行ではなかなか消すことができない罪障を、わずか二十文字を口に唱えるだけで消せるのである。毎日の生活のなかで夜眠りに就く前に、また朝の礼拝のときにただの一回でもこれを唱えると、その懺悔がかならず仏や菩薩の心を動かし、はかり知れない助けを得ることができるという経典の言葉を信じることが大切かと考える。

（田上太秀）

煩悩《ぼんのう》を断《だん》ぜずして涅槃《ねはん》に入る（不断煩悩入涅槃）

（『維摩経』獅子品第三）

舎利子《しゃりし》が閑かな林の中で宴坐《えんざ》（坐禅）している所へ維摩《ゆいま》が来て「お前がしているのを坐禅とはいえぬ」とて、まことの宴坐の例を幾つか挙げた中に上記の言がある。上座部《じょうざぶ》仏教徒は、煩悩を断つために難行苦行につとめる。大乗仏教徒は、人間が生きている限り煩悩は無くなるものではない、無くならないものを無くそうと努力すると、また苦となるから、断煩悩ではなく煩悩を整理整頓する修行をする。逆にいえばマイナスの煩悩をプラスの価値に転ずるのを「不断煩悩入涅槃」という。涅槃は心身の安らいださとりの状態である。

浄土教で大切にされる中国の曇鸞《どんらん》の著『浄土論註（往生論註）』下巻には「不断煩悩得涅槃（煩悩を断ぜずして涅槃を得）」とあり、親鸞の『正信偈』に引用されている。

（松原泰道）

維摩《ゆいま》の一黙《いちもく》、雷《らい》の如し

（『維摩経』入不二法門品第九）

不二《ふに》の法門について、文殊が自分の考えを述べた後、維摩の教えを乞うたとき維摩は「黙然として言無《ことばな》し」から、上記の語が生まれたのである。

しかし維摩の黙は〝沈黙は金、雄弁は銀〟といった黙と言とを比べたのではない。語・黙の対立を超えた一点、いわば絶対の真理そのものを言い表わす黙である。

三論宗《さんろんしゅう》を開いた中国の嘉祥《かじょう》大師は、黙を「これ言《ごん》にして無言《むごん》、無言にして言、声大千《こえだいせん》に満つるも一の所説《しょせつ》（説くところ）なし。一の所説なけれども声大千に満つ」と明かす。道元禅師が「言語《ごんご》道断《どうだん》とは一切の言語《ごんご》これなり」（眼蔵・安居）というのも同じである。言語道断は、一般には〈もっての外〉の意に用いられるが、もとは『瓔珞経《ようらくきょう》』に「言語道断、心行処滅《めっするところ》」とあるように「奥深い理は言葉では説明できないこと」をいう仏教用語である。しかし道元は『瓔珞経』の意をふまえつつ「一切の言語」を否定しながら、さらに転換して一切の現象や事がらを積極的に肯定して、それらがみな「言語」だ、と維摩の「黙」を受けとめる。それはまた達磨のいう「不立文字《ふりゅうもんじ》（法は、ただ文字や経や教えによらない）」にも通じるだろう。

維摩

（松原泰道）

直心《じきしん》是《こ》れ道場《どうじょう》なり　（『維摩経』）

この文は『維摩経』のチベット訳本では「直心《じきしん》はすなわち菩薩の浄土である」とある。つまり清らかで、すなおな心そのものをほかにしては清浄なほとけの国土はないという意味である。

直心は清らかな心、またすなおな心という意味である。道場はもとは釈尊が悟りを開かれた菩提樹のもとにある金剛座そのものを指す言葉である。それがのちに悟りの場所、教えが説かれ実現する場所、そして世界の中心などの意味で使われるようになった。

この文は『維摩経』のなかではどのような場面で出てくるのか簡単に説明してみる。

ある時、舎衛城《しゃえいじょう》のなかにあるマンゴー樹園で多くの修行者や菩薩たちに囲まれて釈尊は説法しようとされていた。またその時に十方から諸仏もきて釈尊の説法を聞こうとしていた。いまかいまかと、まばたきもせずに釈尊の顔を仰ぎ、口元を見つめていた。その時、長者の宝積《ほうしゃく》が釈尊の神々しいお姿を讃えたあとで、

「いまここにいる五百人の長者たちはもう釈尊の教えにしたがって信者になろうとしており、どのようにすれば釈尊のような清浄なほとけの心の境地を体得することができるだろうかと案じております。どうかほとけの心の境地を実現できる方法を教えてくださいませ」と代表して懇願した。

これに対して釈尊は、

「よく質問してくれました。それはあなただけでなく、ここにいるすべての者が質問したかったことです。よく聴きなさい。そして理解し、忘れないようにしておくことですよ」

と告げられて説法が始まったのである。

釈尊はまず、すなおな心（直心）がほとけの心の境地だと説いた。つぎに深く道を求める心がほとけの心の境地だといい、さらにほとけの悟りを求める心がほとけの心の境地だと説いた。

このように自らの内面を整えてから、さらに外に向けて他人に対するいつくしみ、憐れみ、喜び、

平等な心が、そして他のものに対する情け、親愛の言葉、ためになる行い、協力などの心がすなわちほとけの心の境地だと説く。これらの心がけが大きくなっていくときに世界がほとけの国土となると教えているのである。

またこのほとけの国土が実現されると、そこに住む衆生の心が清らかに、すなおになるというのである。

要するにほとけの心の境地、ほとけの国土、ほとけの道場は一人一人が心を清くすることで実現すると教えている。今日の環境問題にしても一人一人がいかに地球を、国を、社会を、町を、そして村を善くしようかと真剣に考え、わがことのように取り組むことが大切である。一人一人の心が清くならないでは村も地球もきれいにはならないということになる。

（田上太秀）

衆生《しゅじょう》病《や》むがゆえに我病む　（『維摩経』）

一人っ子が病気になったとき、父母もまた病み、病気が治れば、父母もまた病いが治るように、菩薩は衆生を救わんがために、願ってこの生死《しょうじ》の苦海に生まれてきたのである。

生死のあるところ必ず病いがあり、衆生が病いで苦しめば菩薩も一人っ子をもつ父母と同じく心配で病気となっている。

菩薩が痛みを感ずることがあれば、三悪道に苦しむ衆生の痛みは、いかほどであろうかと思い遣《や》って大悲心を起こす。菩薩は決して衆生を見捨てることなく、苦痛にうめく衆生を何とか救おうと、日夜こころを砕いているのである。

病気はみんな前世の妄想や顛倒《てんどう》した思いや諸の煩悩から生じたものである。しかも、この病気を起こしている「からだ」は地水火風の四元素（四《し》大《だい》）が和合しているのを仮に「からだ」と名づけているだけで、その四大には主がないのだから、そのからだにも我《が》がない。病気はこの我に執着することによって起こるのであると観じて、執着を離れれば病気の根本を断つことができる。

（三友健容）

三界火宅《さんがいかたく》

（『法華経』）

高層ビルから見る夜景は美しい。光の点滅はまさに宝石を散りばめたようで、時間の経つのも忘れてウットリしてしまう。しかし、釈尊は、この世界は煩悩という炎に燃えている家であるという。

遊び戯れている者は、何が火で、何が燃えるということさえも分からない。それどころか、苦しみの本質を知らないから、苦しみがあれば、苦しみでもって癒そうとする。そのために、ますます焼かれて、苦痛がその身を覆《おお》う。

家計の「火の車」は窮乏すればわかるし、実際の火事も焼け落ちてみると火の怖さがわかる。ところが、煩悩の炎は、わかっていてもなかなか逃れる術がわからないし、良き薬も飲もうともしない。このために、煩悩の世界（三界）である炎の家に幾たびも生まれ変わり、輪廻転生を繰り返す。

釈尊は生きとし生きるものはすべて、みなわが子であるといい、ひとりも残さず救済しようと教えを説かれているが、信受しようとしないので、種々の方便を設けて教えを説いているのだといわれている。

（三友健容）

一蓮托生《いちれんたくしょう》

（『法華経』）

善きにつけ悪しきにつけ、グループをつくってものごとを一緒にしたり、運命を共にすることを一蓮托生というと辞書にはあるが、今日若い人たちの間でこの言葉は使われているのだろうか。おそらく知っている若い人はないに等しいと思うが、しかしこの言葉の意味を知ると、かっこいい言葉として使ってみたくなるのではないだろうか。

国語辞典にあるように一般的意味は運命や行動を共にするという意味だが、この言葉は仏教用語で、死んだ後、西方極楽浄土で同じ蓮の花のうえに生まれることを願う気持ちを込めた言葉であった。一蓮托生の一蓮とは白蓮華をいい、託生とは次に生まれ変わりを托すことを言っている。托生は託胎《たくたい》ともいう。これは母の胎に宿ることだが、これをたとえにして極楽浄土の蓮華のうえに宿る、生まれるということを意味したのである。古代インド人は死んだのち浄土の蓮華のうえに生まれることを最高の幸せと考えていたので、この世でお互いに一緒に善行を積み、正しい信仰生活を送り、次の世では一緒に浄土に生まれましょうと誓ったのである。これが一蓮托生のもとの意味だった。

この言葉は浄土教の専門用語のようにいわれるが、紀元直後ころ西インド地方で創られたといわれる『法華経』の薬王菩薩本事品にある。このままの表現ではないが「安楽世界の阿弥陀仏の大菩薩衆が囲繞《いにょう》（とりかこむ）せる住処に往きて蓮華の中の宝座の上に生ず」（大正大蔵経第12巻54頁下段）と、阿弥陀仏を一心に念じた人はこの蓮のうてなのうえに生まれるとのべている。ここの意味がのちに「生死を共にしよう」となり、さらに「行動や運命を共にする」という日常生活にかかわる意味に変わったのである。

（田上太秀）

一切衆生悉有《いっさいしゅじょうしつう》仏性《ぶっしょう》　（『涅槃経』）

すべて生きとし生きるものには、仏性という光り輝くすばらしい仏の本性がある。しかし、我々は煩悩に遮《さえぎ》られて、そのことわりに気がつかない。すなわちこの世には駄目で無用な存在というものは決してない。このように信じて生きとし生きるものに無限の愛情を注ぐのが、菩薩の生き方である。

またこの『涅槃経《ねはんぎょう》』は釈尊滅後の衆生が正しく仏法を実践するための規範を明示している。ことに肉食に関しては、慈悲の心をもつ菩薩は、わが子の肉を食べると思って、生き物を殺して、その肉を食べるなどということを断じて止めるべきであると諭している。仏性を光り輝かせるためには、戒律を護って修行すべきであり、戒律を護らず清らかな生き方がなくなれば、仏法が滅びると警告して「持戒清浄《じかいしょうじょう》」の重要性を説いている。

（三友健容）

獅子身中《しししんちゅう》の虫《むし》　（『梵網経』ほか）

百獣《ひゃくじゅう》の王といわれる獅子でも、身中にいる小さな虫のために食われてしまうように、仏法を亡ぼすのは外道《げどう》ではなく、却って仏法を受持し、三宝を護るべき僧にあると、『梵網経《ぼんもうきょう》』や『仁王般若経《にんのうはんにゃきょう》』等に説かれ、いましめられている。

普通、世間でも、飼《か》い犬に手をかまれたり、会社でも、信頼する部下に裏切られたり、内紛《うちわもめ》によってつぶれたりする。外からの敵は防ぐことができても、内からくずれるのは防ぎにくい。戦国時代の国盗《くにと》り物語を見ても、最も信頼した部下が、その君主をたおし、またまたその武将が部下にたおされたりする下剋上《げこくじょう》の様が見られる。源頼朝《よりとも》は猜疑心《さいぎしん》のはてに、その弟義経を殺したが、源氏は三代にして、北条氏に亡ぼされた。信長もその部下の明智光秀《あけちみつひで》に殺されてしまった。

しかし徳川氏は三百年の治安を保った。徳川家康は三方《みかた》ガ原の戦に大敗し、もはやこれまでと、三河《みかわ》の大樹寺《だいじゅじ》にかけこんだ。祖先の墳墓《ふんぼ》の前でいさぎよく自害しようと、三河の大樹寺にかけこんだ。

その時、登誉上人《とうよしょうにん》に、

「尊公は今死のうとしたのであるから、身は死んだものと覚悟して、今後は心を改めて、仏の御心なる慈悲をもととし、民衆の苦しみを救う慈悲の戦《いくさ》をされよ」

と、こんこんとさとされ、以後、兜《かぶと》の中に仏の像を安置し、口に念仏を唱えつつ戦った。四十八たびの大会戦に、いつも逃げて逃げて、最後に勝利をつかみ、三百年の泰平の基《もとい》をきずいたのである。

孫氏《そんし》の兵法に、「敵を知り、己を知れば百戦あやうからず」とある。いつの世でも、己を知るということはむつかしいが、何事でも成功するためには、足下から自己を正すことであろう。「身から出たさび」ということで、百獣を支配する力ある獅子も、身中の小さな弱い虫に亡ぼされる。自己を反省しない者への頂門《ちょうもん》の一針《いっしん》である。

（中根専正）

抜苦与楽《ばっくよらく》　（『大智度論』）

『大智度論《だいちどろん》』第二十に「衆生を愛念《あいねん》して楽を与えるを慈といい、衆生を愍傷《みんしょう》して苦を抜くを悲という」とある。

父は照り　母は涙の　雨と降り
同じめぐみに　育つ撫子《なでしこ》

という歌があるが、子供を教育するについても、父はきびしく、母はやさしく子を教育する。父のきびしい面が抜苦であり、母のやさしい面が与楽にたとえられる。また身心を訓練するについても、まず営養《えいよう》をつけ、休息をとることが大切であると同時に、苦しい訓練や苦学勉強することも必要である。病気になったり、身体にはれものができたりしたとき、母の暖かい看病《かんびょう》が何よりであるが、医薬やメスで病根を治療することも必要である。与楽と抜苦のこの両面が一体となって働くとき、何事もバランスを保って成長する。

しかしながら、我らの日常生活では、この両面を上手に使いこなして行くことは、なかなかむつかしい。子が可愛いからとて盲目的に溺愛《できあい》して、我ままな子供にしてしまったり、無闇にきびしく叱っても、却って反抗心を起こさせて失敗する。

仏の大慈大悲《だいずだいひ》の働きは、いわば無縁《むえん》の慈悲といわれ、世間的な、なさけ心をこえた大きな深い叡《えい》智《ち》の働きである。

恵心僧都《えしんそうず》が、寺の近くに来て草をはんでいる鹿を打って山に追いやってしまった。それを見た人々が、「徳の高い恵心僧都ともあろうものが、やさしい鹿を打って追いやるとは、もっての外ではないか」と、なじった時、僧都は、「もしこの鹿が人に馴れて、悪心のある人につかまって殺されたならば可愛そうだから、追いやったのである」と答えたという。

天地のめぐみや、み仏の慈悲は、抜苦与楽の両面をかね備えて、大きく我らを包んでいる。「大《だい》悲無倦常照我《ひむけんじょうしょうが》」といわれるが、我らはこの大慈悲に気づかないでいる。

（中根専正）

如実知《にょじつち》自心《じしん》（実の如く自心を知る）

（『大日経』）

弘法大師空海は大乗仏教の究極を徹底的に探究したあげくに、「近くして見難きはわが心、細にして空に遍ずるはわが仏なり。わが仏、思議しがたく、わが心、広にしてまた大なり」と述べている。

私たちは自分の心が分からないということさえ実感しないまま、毎日の生活を送りがちである。時に思い通りにならないことに直面すると、いったい自分は何なのかと深刻に悩む。その時にはじめて、自分のことが本当はまったく分かっていないことに気づき、痛恨の念にかられたりもする。

古今東西をとわず、私たちが生きてゆくうえで最大の関心はいつも自分とは何かということであった。ギリシアのアテナイのデルフォイの神殿に揚げられていたという〝汝自身を知れ〟という言葉に哲学者が最大の関心をいだいたという言い伝えは、まさしく人間が何を知ろうとするかを物語る端的な例であるといえる。また古代インドのウパニシャッドの哲学者にとって〝汝はそれなり〟というテーゼは、絶対的な真理を表わすものであった。

畢竟《ひっきょう》、このように自分を知るということは、「自心」を知ることにほかならない。その「自心」こそ、空海が嘆くように、最も「見難き」ものである。

そして、私たちが悩むままに自分を知ろうとしたところで、その時には自分を知ろうとする思いが、いつも理屈で理解できる自分をつくりあげようとする。はたして、自分で分かる自分が、本当に自分なのであろうか。自分で分かったと思いこむ自分は、しょせん頭で考えただけの自分にすぎないのではなかろうか。

空海は自分の心の中に仏を見ている。そして、そこにこそ真実の自分を見出している。それは理屈で考えてねつ造した自分ではない。「思議しがたく」、理屈を超えた広大無辺な心が見えるはずであると確信している。私たちは、そのような広大無辺な「自心」を、理屈でなんと小さくつまらないものに仕立ててしまっていることだろう。

つまらない制約から自由になって、心の奥底にまでたどり着けば、そこには広大無辺な心が躍動している。それはまさしく仏の働きそのものである。この確信こそ、大乗仏教が探究してきた心の究極なのである。

まさしく、自分の心の奥底に仏と同じ菩提の心を知ること、これこそが自己を探究する究極点である。それを『大日経《だいにちきょう》』では「如実知自心」という。日常のとらわれた自分を解放して、大きな世界に生きる自分を信じるなら、つまらないことに悩み傷つく自分を、生き生きとした自分へと転換できるはずである。

自分を知るということは、自分の心が広大無辺な仏の世界を生きているという確信にもとづく。

（廣澤隆之）

中国の禅僧・居士

無《む》功《く》徳《どく》

――達磨

何かを求めるような色気心があってやった善い事は、真の意味では、功徳とはいえないという、達磨《だるま》大師（生没年不詳）の言葉からきている。

昔、梁《りょう》の武帝《ぶてい》がおられた。この方は、崇仏の念の厚い皇帝だった。その武帝と達磨大師との問答がある。「帝、又、問う。朕《ちん》、寺を造り、人を度し、経を写し、像を鋳す。何の功徳有らん。大師答えて曰《いわ》く、並んで功徳無し」と。

自分は、お寺を造営し、人々を済度し、僧侶を多く度しもした。経典も写したし、仏像も鋳造した。これだけ善い事をしたのだから、さぞや功徳があろう。さて、どんなものか、と梁の武帝は達磨大師に問うた。

すると、達磨大師は言う。「並んで無功徳」と。

達磨

あれもこれも功徳などありません、と。

まあ、色気があっての善事は、真の意味での無功徳ではないのだろうが、当時と違う現今にあっては、善事などする人も少ないのだから、善事に功徳ありとしないと世の中がつぶれてしまいそうである。仏法も時代、時代に適応しなければならない。そこで、釈迦のいわれた「諸々の悪を作《な》すことなかれ、諸々の善を奉行せよ。自《おの》ずから其の意を浄《きよ》くせよ。是れ諸仏の教えなり」で、現世はよろしいのではと達磨大師に問えば、やはり、これも「無功徳」と叱られそうだが……。

（松原哲明）

至道無難《しどうぶなん》　唯嫌揀擇《ゆいけんけんじゃく》（『信心銘《しんじんめい》』）

至道無難とは、道に至るのは難しいことではないということである。もっとひろげると、さとりを得ること自体は、むつかしいことではない、となろうか。

唯嫌揀擇は「唯だ揀擇を嫌う」と読み、えらんだり、えりぎらいをするということである。『禅学大辞典』によると「仏祖の大道は、本来平等で無階級無差別、自由自在である。それが、ただ衆生は揀擇や憎愛で難易を生ずるので、もし取捨憎愛が無いならば、十方通暢、八面玲瓏である」との説明がなされていた。

ここのポイントは、揀擇を嫌うということである。えりごのみをしてはいけない、尻ごみするなということである。特に、現代人の、若者にあっては、仕事や学問の面で、人から言われたら、NOと言うな、ということになろう。

経験からいうと、忙しい人は、人から物事を頼まれると、そのほとんどが引き受けてくれるということである。忙しいのに、引き受けてくださる。一方、暇な人間の多くは、仕事を頼んでも、「ぼくは駄目です」と断る。よって、さらに暇な人間になってしまう。仕事は、ひとたび断ると、次には、同じ方から仕事はもらえないのである。

若い方は、時間を沢山、持っておられる。だから、次々に新しいことにチャレンジして、その時間を使わなくてはならない。新しいことを体験すれば、それだけ新鮮な経験ができるのに。それに、時間をただ流して生きるのではなく、その時間を使って、生かしてゆかなくてはならない。

（松原哲明）

生死事大《しょうじじだい》　無常迅速《むじょうじんそく》　（『六祖壇経』）

禅の修行道場で必ず目に入る言葉が、この「生死事大、無常迅速」である。生死の問題は、きわめて重大で、うろうろしていると無常がやってきてしまうぞ、ということである。

『六祖壇経《ろくそだんきょう》』とは『法宝壇経《ほうぼう》』のことで、禅宗六祖の慧能《えのう》禅師（六三八〜七一三）撰。慧能禅師の師が五祖の弘忍《ぐにん》禅師だった。この弘忍禅師が修行僧たちを指導するときに、口をすっぱくして叱ったのが「生死事大、無常迅速」であったと『六祖壇経』に記されている。

ところで五祖の弘忍禅師には優秀な弟子が二人おった。一人は神秀《じんしゅう》、もう一人が慧能だった。神秀は唐朝と関係が深く、神秀の流派は北方で栄えたのである。神秀流派の禅を北宗禅《ほくしゅうぜん》とよぶことになる。しかし、慧能は勅命を固辞して南方で教化。よって北宗禅に対して南宗禅《なんしゅうぜん》と称されるのである。そして、後世の禅匠たちは南宗禅出身がほとんどだった。よって、そのいしずえともいうべき六祖慧能禅師は臨済宗においてとても重要な地位にあるわけである。

生死事大。人間の生命なんて、あっ気ないものである。今、生きておると二十四歳になる長男を、生後数日で夭折させておるが、それはあっ気ないものだった。特に、医師から、元気な男の子の誕生を祝され、その声がまだ耳の中に残っているうちに、一方的に死を宣告されたのだから。

かわいい遺体を前にして、これでは、まるで、君は死ぬために生まれてきたのではないか、とつぶやいていた。すると、まさに、おうむがえしで、では一体、お父さんは、何をするために生まれてきたの？　ときかれたように感じた。

一生は一回しかない。いのちは本当に一個しかないと実感した。ならば、一生懸命に生きるしかない。ローソクのように芯をつらぬいて、パチパチ燃焼して生きるしかないと気がついた。

人間は、一体、何をするために生まれたのだろう。それは生まれたとき本来身についている、いのち・とき・こころ・からだを使うために生きなければならぬと教えられた。

いのちを使う、それを使命というのである。いのちを生かす、それが生命ということだった。無常がやってくるまでに、生まれもった本来のものを使う、生かす。そのために私たちは、今、何からなすべきかを真剣に考えなければならない。

（松原哲明）

不染汚《ふぜんな》の修証《しゅしょう》　――慧能

この言葉は、中国の初期禅宗を代表する仏者、六祖曹渓慧能《そうけいえのう》が、南嶽懐譲《なんがくえじょう》（六七七〜七四四）に示した語に由来する。懐譲が初めて六祖を訪ねたとき、「外ならぬ何者が、そのようにしてやって来たか」と問われて返答に窮したが、八年間修行の後、「一物を説けば即ちあたらず」と答えた。これに対して六祖が「修証すべきか否か」と問うと懐譲は、「修証は無いわけではないが、汚染してはいけない」と答える。それを聞いて六祖は「この汚染しないということ、それが諸仏の護念したもうたところである」といって懐譲を認め、そして激励した。原文は「不汚染」である。それを道元は「不染汚《ふぜんな》」と読み、それが定着して今に至っている。

「不染汚」とは、人間の手垢《てあか》のつかないことである。物ほしい「わたくし」の「思い」によごされないことである。「不染汚の修証」とは、修行に、「あて」や「見込み」や「見返り」を持ちこまぬことである。「法」のために「おのれ」を尽くし、「道」のために「おのれ」を見失うことなしに、「不染汚の修証」ということはあり得ぬ。

道元は『正法眼蔵《しょうぼうげんぞう》』「現成公案《げんじょうこうあん》」の中で「一方を証するときは、一方はくらし」と述べる。「わたくし」が立ったとき「仏」は潰《つい》えるのであり、「わたくし」が潰えたとき「仏」が現成《げんじょう》するのである。「仏道」とは「わたくし」が潰えるための、無限の修行をいうのである。「暦日《れきじつ》は短促なりといえども、学道《がくどう》は幽遠《ゆうえん》なり」という至言もまた、道元によって吐演《とえん》せられている。

（鈴木格禅）

平常心是道《びょうじょうしんこれどう》

——馬祖道一（『馬祖語録』）

この句は平常心の禅を挙揚した馬祖道一《ばそどういつ》（七〇九〜七八八）の『馬祖語録』に既にみられる。中国の初期の禅（思想）をまとめ上げて、後の禅宗の大発展の基《もと》となった人物の言葉であり、禅の真髄を示す句と言えよう。

各種の語録に採りあげられているが、「平常心是道」という馬祖の心を真摯《しんし》に深く受けとめた禅者の一人に臨済義玄《りんざいぎげん》がいる。

ここでは、臨済義玄の理解を以て、「平常心是道」の解説としたい。

『臨済録』の「示衆《じしゅ》」に、

「諸君、仏法には造作《ぞうさ》を加えるような処は全くない。ただ平常のままでありさえすればよいのだ。糞をたれたり小便をしたり、着物を着たり飯を食ったり、疲れたならば横になるだけのことである。愚人は（こんなことを言っている）私を笑うであろうが、智者であれば、これがよく分かる」

とある。以上が「平常心是道」の生きた真実の意味である。

なお、「平常心」と「道」と「無心」とはみな同じ意味である。驚くべきことに、例えば、日本の高校野球の球児でさえ、試合に臨む気持ちを、無心でとか、平常心《へいじょうしん》でとか言うではないか。日本においては、子供でさえ、禅の真髄を知っている。禅は今や日本民族の血肉と化している。

（小島岱山）

一日不作《いちにちなさざれば》　一日不食《いちにちくらわず》

――百丈懐海（『祖堂集』）

この句は『祖堂集』の「百丈懐海《ひゃくじょうえかい》」の処に出てくる。禅林の清規《しんぎ》（修行生活規則）の開創者の百丈懐海（七四九～八一四）の言葉であり、清規を定めた禅者の面目躍如たる句と言えよう。

百丈は老齢になってからも率先して作務《さむ》に従事した。師の健康を案じた弟子が、ひそかに師の道具を隠してしまった。師は作務ができなくなり、同時に食事をとるのをやめてしまった。弟子がその理由を問うと、「一日不作、一日不食」と答えた。

この話、すなわち、この句には、二つの大きな意味がこめられている。

一つは、禅にとっては、つまりは、日常、脚下、目前、即今、即処に真実の自己を実現するためには、死ぬまで作務（＝体を動かすこと）が重大であり、無心で自己の体を動かしている時こそ、まさに禅の現成であり、真実の自己の顕現であるということ。

二つには、作務をしなければならない、食事をしてはならないという心境ではなく、作務をせずにはおられない、食事をしてはおられないという境涯が示されているということ。ここには、生きた真実の主体的自由がある。孔子の「心の欲するところに従って矩《のり》を踰《こ》えず」と同じ心境であり、清規もこうした中国的思惟のもとに成り立っているのが知られる。自発的に清規に従ってこそ生きた真実の主体的自由が得られる。

（小島岱山）

随処作主《ずいしょにしゅとなれば》　立処皆真《りっしょみなしんなり》

——臨済義玄（『臨済録』）

臨済義玄《りんざいぎげん》（？～八六七）のこの句は、文字通りには、いかなるところに於いても、主人公となるならば、おのれがいる場所はみな真実の場となる、という意味になろう。

もう少し具体的に述べれば、「随処作主」とは、いかなるところにあっても、心を外に向けなければ、外のものに振り回されなければ、という意味であり、周囲に気を取られずに、集中し心をこめれば、ということになろう。「立処皆真」とは、その集中し心をこめたところには、善悪、凡聖《ぼんしょう》、迷悟の相対分別を越えた一真実の無心の世界、無限の心の世界、無礙《むげ》なる安心立命の世界が顕《あらわ》れるという意味になろう。

人は思うように行かなくなると、心が千千《ちぢ》に乱れ、一つのことに専念できなくなる。周りが気になり出して、外のものに心が奪われ、集中力もなくなる。こういう時こそ、腰をすえ腹をきめて大きく深呼吸を繰り返し、一つの事柄に専一に力をそそぐこと、心をこめることが重要である。集中力を発揮しなければならない。このような集中力こそ禅定力《ぜんじょうりき》と言えるのではなかろうか。

臨済義玄

そうすれば、必ずや、自ずと徹底無心の、大宇宙をも超越する無限の心の世界、善悪、生滅、迷悟に惑《まど》わされない、一真実の無心の世界、すなわち無限の心の世界を手に入れることができる。

（小島岱山）

殺仏殺祖《さつぶつさっそ》　――臨済義玄（『臨済録』）

いかにも臨済義玄らしい言葉である。「殺仏殺祖」とは、いかなる偉大な存在も、いかなる権威ある存在も一切認めない、そうした存在はすべて偽りの自己が造り出したものであり、徹底的に否定せよという意味である。自己の外《そと》のものに心を奪われるな、心を外に向けると、真実の自己を知ることができなくなるという意味でもあり、「殺仏殺祖」とは、真実の自己にめざめよ、宗教とは真実の自己に覚醒すること以外にはないという意味でもある。

また、真実の自己に出会い、真実の自己を心の眼ではっきりと見ることを見性《けんしょう》と言う。「殺仏殺祖」とはこの見性体験、すなわち、坐禅による無心の体解の境涯から発せられた言葉でもある。

世界に冠たる日本の哲学者としての西田幾多郎博士も有名な『善の研究』という本の中で、「終《おわり》に臨んで一言して置く。善を学問的に説明すれば色々の説明はできるが、実地上、真の善とはただ一つあるのみである。即ち真の自己を知るということに尽きて居《い》る」と述べ、さらには「而《しこう》して真の自己を知る法は、ただ主客合一の力《ちから》を自得するにあるのみである。而してこの力を得るのは我々のこの偽我《ぎが》を殺し尽して一たびこの世の欲より死して後蘇《のちよみがえ》るのである。此の如くにして始めて真に主客合一の境に到ることができる。これが宗教道徳美術の極意である。仏教ではこれを見性《けんしょう》という」と述べている。臨済義玄と全く同じことを言っているではないか。

（小島岱山）

心頭《しんとう》滅却《めっきゃくすれば》　火《ひも》自涼《おのずからすずし》　（『碧巌録』）

『碧巌録《へきがんろく》』の第四十三則の有名な「洞山《とうざん》無《む》寒暑《かんじょ》」の中に出てくる句である。「心頭」は心という意味である。この句の前には、「安禅は必ずしも山水を須《もち》いず」という言葉がある。両方あわせて、文字通りには、心静かに坐禅するには山水を必ずしも必要とはしない、心の働きをやめてしまえば、すなわち、無心になれば、火さえも自ずと涼しいものとなるという意味になろう。

この句は、寒さ暑さのないところとは、どういうところでしょうか、という質問に対する答えとしての、「寒い時は、そなたを寒さが抹殺し、暑い時は、そなたを暑さが抹殺する」という文言、すなわち、寒さ暑さの真只中に飛び込め、そこが寒さ暑さのないところだ、という文言の続きに出てくる。

したがって、「心頭滅却、火自涼」とは、あれこれ考えず、無心になって、火の中に飛び込んで、火そのものになりきれば、まさにそのところが火のないところ、熱さのないところ、すなわち、涼しいところだ、という意味と知られる。

実際に、坐禅をしてみれば分かるように、例えば、暑くて汗がダラダラと流れ出ている時のほうが、はるかに気合いが入って、容易に三昧《ざんまい》に入れる。快川国師《かいせんこくし》（戦国時代、武田氏に殉じ、恵林寺山門で織田軍に焼き殺された）も、火だるまになりながら直ちに火定《かじょう》三昧、つまりは清涼《しょうりょう》三昧に入ることができたものと思う。

（小島岱山）

大死一番《たいしいちばん》　絶後再甦《ぜつごによみがえる》（『碧巌録』）

「大死一番、絶後に蘇（甦）る」と普通には使われるが、これは、出典の『碧巌録』第四十一則「趙州大死底人」中に存する「大死一番」という言葉と「絶後再甦」という言葉とを繋《つな》ぎ合わせたもの。

「大死」とは何か、また、「大死」すると何故に「再甦」するのであろうか。『碧巌録』第四十一則の頌《じゅ》に、「生の根底に徹すれば大死と同じ」とあり、その下語《あぎょ》（解説）に、「活も死も無い。死活反転自在」（以上、岩波文庫本による訳）とある。

以上より、死活がないところが真実の大死であると分かる。大死とは死を越え、活を越えた、徹底無心のことを言う。無心は無限の心でもある。だから、絶後に蘇（甦）ることができるのは当然である。蘇（甦）ると言っても、ただの有限な「平常心」に戻るのではない。「平常心是道」の無限の「平常心」に蘇（甦）るのである。「無心」と「平常心是道」の「平常心」とは同じ意味である。

人は無心になれれば、蘇（甦）ることができる。無心、無我になれないから、仏にもなれず、我《が》の強い、分別くさい、有限な人間で終わってしまう。「大死一番絶後再甦」とは、世俗の有限なるつまらぬ事柄に悩み、執着している自分から、そのようなものに一切全く悩むことなく執着することのない無心にして無限の、真実の自己になるという意味でもある。

（小島岱山）

喫茶去《きっさこ》

——趙州従諗（『趙州録』）

『趙州録《じょうしゅうろく》』には次の如くある。

「師（＝趙州従諗《じょうしゅうじゅうしん》）は二人の入門したばかりの僧に質問した。あなたは以前にここに来たことがあるのか。僧は、来たことはありません、と答えた。すると師は、お茶をどうぞ、と言った。次にもう一人の僧に師は質問した。あなたは以前にここに来たことがあるのか。僧は、来たことがあります、と答えた。すると師は、お茶をどうぞ、と言った。院主《いんじゅ》が師にたずねた、老師さん、以前に来たことがない者に、お茶をどうぞ、とおっしゃるのはともかくとして、以前にも来たことがある者になぜ、お茶をどうぞ、とおっしゃるのですか。師は、院主さん、と呼びかけた。院主は返事をした。すると師は、お茶をどうぞ、と言った」

無心の境涯を見事に日常生活に生かしきっている趙州従諗（七七八〜八九七）の在り方は、馬《ば》祖道一《そどういつ》の平常心の禅を、その理屈の部分をそぎ落して最高度に洗練させたもので、毎日を誠に充実した、光輝く、日常生活とさせている。無心とは無限のはたらきの心でもあり、無心の日常生活は、全くただの日常生活には違いないが、光明燦然と輝く、存在意義に満ちた、無限の感覚に裏うちされた、ただの日常生活と言えよう。

なお、趙州の究極の境涯は『趙州録』の「十二時歌」に示されている。是非ご一読を。

（小島岱山）

放下著《ほうげぢゃく》 ——趙州従諗（『趙州録』）

この言葉も『趙州録』中の句で、具体的には、次の如きの文脈で使われている。

「問う、一物も持って来ない時は、どうですか。師は、下《した》に置け、と答えた」これも、徹底無心、無一物《むいちもつ》の境涯を述べたもの。私は何物も持ってきていませんが、如何《いかが》でしょうか、という修行僧の質問に対して、何物も持ってきていませんという一物を持ってきているではないか、ということで、その一物を下に置いたらどうだ、と趙州が即座に言い放ったわけである。もっとも「放下著」に執着する者には「かついでゆけ」となろう。

「放下著」は、厳密には、下に置け、という意味だが、話の流れからすると、捨てよ、捨てろ、と理解したほうが良いように思う。「著」は「着」とも書くが、何の意味もない語である。

一物もありません、という立派な一物を捨てるのは大変である。だが、坐禅によって、無になりきることにより、捨てることができる。気合いを入れ、勇気を奮《ふる》い起こして無ー無ー無ーと一呼吸、一呼吸、無三昧にならなければならない。

「放下著」とは、根本的には無になること、無心のことである。無心とは、すなわち、「放下著」とは、「すてる」「かつぐ」を超越した心である。だからこそ、「すてる」も「かつぐ」も存在する心のことでもある。

（小島岱山）

潜行密用《せんこうみつよう》、愚《ぐ》のごとく魯《ろ》のごとし

（『宝鏡三昧《ほうきょうざんまい》』）

日常の、なんということもない、目立たない生活の中にも、仏の法《おしえ》を絶えることなく、愚のごとく魯のごとくやりなさいということである。ここのポイントは、愚のごとく、魯のごとく。魯とは、愚のように、おろかの意味もあり、にぶいの意味もある。

私が、三島の竜沢寺《りゅうたくじ》で禅修行をしていた時のことである。ある日、師家の中川宋淵《そうえん》老師が、私にポツリと言われたことが忘れられないのである。

「いいですか、あなたは、いつも、かわかない心、かわかない心と、あたかも呪文をくりかえすように、かわかない心を念じつづけてゆくのですよ。愚《ぐ》のごとく魯《ろ》のごとし。そうやって、かわかない心を念じつづけてゆくうちに、ちょうど柿の実が熟し切って、枝からポトリとあなたの手の中に、ごく自然に落着したとき、あなたは、釈迦仏教が一体、どんなものであったかを理解するでしょう」

と言われたのである。この中川宋渕老師のひとことは、実に興味深く、私をとらえたのである。

入門して、しばらくたって、私は熱海の温泉場に托鉢に行った。ちょうど、一休さんのような格好をして。私の、生まれて初めての托鉢だった。私にとてつもなく大きなホテルがあてられた。

私はホテルの玄関の前に立ち、ホーホーとお経をよみはじめたのである。すると先輩の僧がやってきて「もっと前に出ないと、お経が聞こえないじゃないか」と言うのである。

それはそうだなと思い、数歩前にすすむと、何と自動ドアになっていて、ガラガラと音を立てて戸が開いたのである。

見れば、これから一〇〇人位の観光さんがご出発というところだった。あわてた従業員さんがやってきて「今、ホテルは忙しいのだから」と私に五円玉を投げ、「拾ってゆきなさい」と言ったのだった。

私は、五円玉を拾い、涙が流れた。しばらく歩くと、横丁から、「待って」という声がした。見ると小さな女の子がいて、私に向かって走ってくる。その女の子、私に近づくと、小さな手をさし出し「これ、お坊さんに、あげる」と言い、私に、あたたかい一枚の五円玉をくれたのだった。

愚のごとく魯のごとくするのよ、と。あの女の子の、かわかない心を思い出した。（松原哲明）

日日是好日《にちにちこれこうにち》　——雲門文偃（『碧巌録』）

雲門文偃《うんもんぶんえん》（八六四～九四六）のこの言葉は、『碧巌録』中のものが有名（第六則）。この句は室内で見る公案ともなっている。「好」の文字を誤解する人がいるかもしれない。しかしながら、人生の辛酸を真摯《しんし》に受けとめてきた人ならば、直ちに、「好」の真意を理解できよう。

「日日是好日」とは、人生には楽な時はほとんどなく、苦労の連続であって、そうであればこそその自覚をもって、日々をめげずに真《ま》っすぐに、積極的に生きるという意味である。もう少し具体的に言えば、苦しいこと、つらいこと（病気）、困難なこと、悲しいこと、こうした事柄に出会った時に、占いだの、いかがわしい新興宗教だのといった、そうしたものに心を奪われることなく、その苦しいこと、つらいこと（病気）、困難なこと、悲しいことに飛び込んで、苦しみ三昧、つらいこと三昧（病気三昧）、困難三昧、悲しみ三昧になって日々を送るという意味と言える。こうした生き方にこそ真実の充実した幸せの日々があろう。

また、この句が、「十五日已前《いぜん》は汝に問わず。十五日已後《いご》、一句を道《い》い将《も》ち来《き》たれ」という時間の流れの文脈で使われているのを忘れてはならない。すなわち、「日日是好日」のもう一つの意味は、日々《ひび》、一瞬一瞬に徹して生きる、時間を無駄にしない毎日を送る、ということになろう。

（小島岱山）

無《む》一物《いちもつ》中《ちゅう》無《む》尽蔵《じんぞう》

——蘇東坡

この句は「無一物中無尽蔵、花有り月有り楼台あり」に基づく。

宋代随一の詩人の蘇東坡《そとうば》（一〇三六～一一〇一）はすぐれた禅者でもあり、無情説法の公案に対して、「渓声《けいせい》便《すなわ》ち是れ広長舌《こうちょうぜつ》、山色《さんしょく》豈《あ》に清《しょう》浄身《じょうしん》に非《あら》ざらんや」という句を以て見処《けんじょ》（禅境）を示し、東林常総《とうりんじょうそう》の法嗣《はっす》となった。

「無一物中無尽蔵」とは、一切何ものも存在しない、一切の対象物に執着しない、そうしたところにこそ、無尽、無限の万法と無尽、無限の大いなる用《はたらき》が存在する、という意味であり、中国仏教が辿り着くことのできた最高峰の空観、あるいは、最高度の中国仏教的無の思想の世界が、余すところなく語られている句と言える。

また、この句は、一切を捨ててしまうと無限の世界が手に入るという意味でもあろうが、一切を捨てるには大変な勇気を必要とする。広大無辺な勇気がなければ、この名句の意味するところを体得するのは困難と言えよう。この句は我々に、何事にも大いなる勇気を持てと語っているようにも思われる。

なお、無一物の思想を禅や華厳の世界に最初に採り入れたのは、五台山系華厳思想の大成者でもあり、五台山系禅思想（法界自性無作禅《ほっかいじしょうむさぜん》という禅思想）の創始者でもある李通玄《りつうげん》（六四五〜七三〇）である。「無一物中無尽蔵」の思想の淵源は李通玄にある。

（小島岱山）

柳《やなぎ》は緑《みどり》、花《はな》は紅《くれない》 ——蘇東坡

杭州は、揚子江の南。江南といって、それは風光明眉なところである。その代表的なのが、西湖。そこにのびる白堤と蘇堤である。白堤とは白楽天《はくらくてん》が長官のときに造った堤であり、蘇堤は蘇東坡が責任者となり作堤したものである。

蘇堤は、花が好きだったのだろう、その蘇東坡の、柳は緑、花は紅にふさわしく、百花りょうらんだった。

柳は緑にしてその本分をつくし、花は紅にして本来自然ということだろう。一転、我々も人間としてやるべきことをきちんとやっているか、ということになるのかも知れない。

先日、家庭内暴力をふるう生徒のいる高校に講演に行った。その時、私は、人間が人間に生まれることのむつかしさを話した。

人間に生まれるためには、両親の交合が欠かせない。一回の交合で、男性のおよそ五億の精子が、そしてその中のたった一個が、卵子と受精し、人間に生まれるのだと、学校の理科で習うことを話したのである。

そして、今、ここに生きる生命は、原始初代の生命から、今の今まで一度も途中がとぎれないからだ、とも話した。それに、先祖の数をかぞえれば、一代前が二人、二代前で六人、三代前になると十四人という具合になり、三〇代前までさかのぼれば、一人につき先祖の数はおよそ六億六千万人になると示したことである。そして、その一人一人の生まれる確率は五億分の一。人間は、これほど尊厳を持っているのだ、とも。

ところで、私たちの両親は、世界人口四〇数億とかの中で、たった二人きりしかいない。父は一人、母も世界で、たった一人である。

その、たった一人の父や母を、君は、どうしていじめるのか。

私たちは、母親の胎内に、十ヶ月以上も、住まわせてもらっておった。ところが、生まれてしまうと、わずか一日も、母を大切に拘束したことがないのは、一体、どういうことなのだろう。

恩を返さずに、親に暴力をふるう。これを柳は緑ならず、花は紅ならずというのだ、と。

（松原哲明）

上求菩提《じょうぐぼだい》・下化衆生《げけしゅじょう》

——智顗（『摩訶止観』）

悟りを求め、世のため、人のためにつくすという意味。これは、ひとことで言えば、仏教、とくに大乗仏教を学ぶ者の理想というか、目的というか、生き方をあらわす言葉である。

六世紀、中国で天台宗を開いた天台大師智顗《ちぎ》

（五三八～五九七）の著した『摩訶止観《まかしかん》』という書物に出ている。日本では、平安時代の源信僧都《げんしんそうず》の『往生要集《おうじょうようしゅう》』や、南北朝時代の謡《うたい》にもりこまれていることが知られている。このような次第で、この言葉は、わが国の仏教界では広く親しまれてきた。

この言葉について、もう少し説明を加えておくと、「菩提」とは、すべての迷いや苦しみ悩みから解き放たれた正しい智慧《ちえ》、またはその境地を指す。この智慧は、必ず生きとし生けるもの、すなわち「衆生」を救うことができるから、活かすようにつとめなければならない。

智顗

およそ仏教は、自分が悟りを開き、自分が救われることも大切だが、同時に、自分以外のすべてのものが悟り、救われることが大事である。自分は、自分以外のものとのかかわりをもち、自分以外のものによって成り立っているからである。このことは、大乗仏教の段階でとくに強調されてきた。

仏教の教えじたいがどんなに素晴らしいものであっても、仏教を学ぶ人が教えのとおりに努力しないかぎり、仏教は現実のものとならないだろう。

（東隆眞）

奈良仏教

篤《あつ》く三宝《さんぼう》を敬《うやま》へ、三宝とは仏法僧《ぶっぽうそう》なり
―聖徳太子（『十七条憲法』）

あまりにも有名な『十七条憲法』の「和《わ》を以て貴《たっと》しとなす」の次に出てくる第二条の文言《もんごん》である。

日本仏教の開祖とまでいわれる聖徳太子（五七五～六二二）については、例えば仏教関係の多くの肖像の中で、最も数の多いのが聖徳太子、二番が弘法大師、三番が役行者《えんのぎょうじゃ》ときいたことがある。古代統一国家造りの準備期に、この十七条憲法、冠位十二階の制定、遣隋使の派遣など三十年近く摂政として活躍した偉大な政治家という評価もある。一方、学問的に追求していくと不明な点が多く、その実在を疑う学者も出ている。

それはさておき、「篤く三宝を敬」うとは昔も今も宗教、信仰にとって大事にしたい原則だと思う。三宝とは最初は、釈尊という悟った仏が出現し、それが真理、正しい法を説き、この仏と法に従う教団である僧伽《サンガ》ができる。二世紀頃にはインド全域に開祖としての仏陀の像が祀られ、説かれた法を経典としてまとめ、仏教教団・僧伽が確立する。この仏・法・僧を篤く敬うことができればその世界は争いのない安らかなものになる。しかし、唯一絶対、他の神々の存在を許さぬ帝王のような神が君臨すると、その世界の様相は一変する。宗教がらみの戦争は、残念ながら地球上のあちこちで今も

聖徳太子

行われている。

それぞれがいう神とは、仏教のいう仏とはなんだろうとなる。

（佐伯快勝）

ともにこれ凡夫のみ

—聖徳太子（『十七条憲法』）

聖徳太子の『十七条憲法』の第十条にいう。

「忿《いかり》を絶ち瞋《いかり》を棄て、人の違《たが》うを怒《いか》らざれ。人皆心あり、心各《おのおの》執《と》るところあり。彼是《ぜ》とするところ則ち我は非とし、我是とするところ則ち彼は非とす。我必ずしも聖に非ず、彼必ずしも愚に非ず、ともにこれ凡夫のみ。是非の理、詎《なん》ぞ能《よ》く定むべき。相ともに賢愚なること、鐶《みみがね》の端なきが如し。ここをもってかの人瞋《いか》ると雖も、還《かえ》りて我が失《あやまち》を恐れよ。我独り得たりと雖も、衆に従ひて同じく挙《おこな》へ。」

聖徳太子の存在については、近年、その存在さえ疑う者が現われており、その行業はほとんど、北九州王朝の大王多利思北孤に帰せられるべきだと主張する学者も何人かいる。

その反面、親鸞上人の信心の根底には太子の存在があったし、今日でも太子の信仰はゆるぎなく続いている。

今はこの二つのどちらにも偏することなく、単純に一つの人生訓として、この言葉を捉えてみよう。

今日のような、一種の乱世に生きている私たちが、このような寛容な、静かな道理に耳を傾けるだろうか。政党は乱立し、ただ大臣になりたいばかりに昨日の敵と手を組んで仲間となり、昨日の政策を捨て去ってかえりみない。道義などはかけらもないが、庶民はこのことをよく知っており、自分の生活を守ることだけはきちんとやっている。批判はするが、法令が定められれば、これを守る。政治家の批判はするが、己れの中にも、いつ同じ悪を行い、いつ友を売るか分からない恐れを感じている。人の非を烈しく追及する者は、自分の中にも同じ非があることを痛感するから、それでよけいに烈しくその人間を追及するのではないか。人を烈しく追及することによって、己れの中にも潜む同じ非を、あたかも無きが如くにふるまい、そのことによって、全く無いとまで錯覚するのではないか。野にあって清廉なる者は、野に在るが故に、汚れる機会が全くないだけのことである。朝に立ち、同じ誘惑の機会が来れば易々と非を行うにきまっている。

（紀野一義）

世間虚仮《せけんこけ》、唯仏是真《ゆいぶつぜしん》

——聖徳太子（『天寿国繍帳』銘文）

これは中宮寺《ちゅうぐうじ》に伝来した『天寿国繍帳《てんじゅこくしゅうちょう》』の銘文にある、聖徳太子の言葉と伝えられる文言である。「現実世間のことは虚しい仮の姿、ただ仏だけが真なるもの」なのだと。摂政という政治権力の中枢にいた太子が、権力争いの渦中で味わった人間の醜い姿と、太子が説法し、著したといわれる『維摩経《ゆいまきょう》』『勝鬘経《しょうまんぎょう》』『法華経《ほけきょう》』という三経の大乗経典の注釈「三経義疏《さんぎょうぎしょ》」の世界を対に見た言葉ともいえる。

　ここにも仏が出てきた。インドでの仏教は、上《じょう》座部《ざぶ》と大乗《だいじょう》派に別れて発展したといわれる。釈尊の生涯を忠実にたどり、出家して自らの解脱《げだつ》にはげむことが上座部の基本であり、そこでは俗世間にいる信者は、出家僧に布施《ふせ》することで苦悩から脱却できると考える。大乗の方は、釈尊は完成した理想の存在とし、壮大な物語の経典を次々と生み出し、人間は全て、いな生きとし生ける生命全てが仏性《ぶっしょう》を持つと考える。そして他の利《しあわせ》のために励む菩薩行を最も重んじる。理想の仏や菩薩を釈尊以外にも次々と見出していく。「五濁《ごじょく》の俗世をのがれ、清浄な聖地で自らを高めていくことが最高の生き方とするなら、その大事な教えをだれが世間に伝えるのか」と「三経義疏」の中で太子は記しているという。

聖徳太子のいう仏は、この世界は唯一絶対の神が創造し統治するという一神教のそれではない。人間の知恵ではとても分からぬ、人間の力の及ばぬ大自然の叡智、慈愛、いや、人間の言葉では表現できぬ不可思議な暖かい力なのだと思う。

（佐伯快勝）

あるべきやうは　—明恵—

『明恵上人遺訓抄出』の巻頭に「和尚云、人はあるべきやうはと云、七文字をたもつべき也、云々」という。

明恵《みょうえ》上人（一一七三〜一二三二）といえば、「あるべきやうは」の七文字が返ってくるぐらい有名になった言葉である。

高山寺《こうざんじ》蔵の『日用清規《しんぎ》数件』には、学問所及び持仏堂において守らねばならぬことが一々あげられている。例えば、「聖教の上に数珠・手袋等の物、之を置くべからず」「口を以て筆をねぶるべからず」「夏月、閼伽水《あかみず》、朝夕毎度之を取るべし」等々、こと細かに僧のあるべき姿が説かれている。

僧としての日常の行儀をきまったようにやりなさいというほどのことだが、これがさらに、帝王には帝王の、臣下は臣下としてのあるべき姿を守るべきだという意味に解されていった。

しかし、明恵の本心は、『却廃忘記《きゃくはいもうき》』の中に、「たゞ心のじつぽうに実あるふるまひは、をのづから戒法に付合すべき也」といっているように、心にまことのあるふるまいを求めていたのであろう。

明恵は人々に対して、まことのある生き方、人の道に外れず、心の自由を体得して生きる生き方をすすめたのである。

明恵のこの教えに深く共鳴した北条泰時《やすとき》は、武人として、為政者として、まれに見る清廉な生活を送った。泰時はいつも「我不肖蒙昧の身たりながら辞する理なく、政を務りて天下を治めたることは一筋に明恵上人の御恩なり」と言っていた。

泰時が天下を治むる術を訊ねた時、上人は「欲心をなくすことだ」と教えた。泰時は、私はその教えを固く守りますが、人々は守らないでしょう、それをどうしたらいいか、と訊ねると明恵は、「只太守一人の心に依るべし。太守一人実に無欲になりすまし給はば、国家の万人自然と欲心薄くなるべし」と教えた。

のちに大飢饉の時、泰時は進んで食を節し、「あれでは太守が真先に餓え死にするのではないか」といわれるほどの徹底ぶりだった。これを見た御家人どもは我も我もと泰時にならって食を節し、難民の救済に当たったので、一人の飢死を出すこともなく飢饉を凌いだといわれる。泰時が今の日本の政治家を見たら何と言うであろうか。

（紀野一義）

心ヲ直サヌ学問シテ何ノ詮《せん》カアル

―叡尊（『興正菩薩御教誡聴聞集《こうしょうぼさつごきょうかいちょうもんしゅう》』）

この言葉の出典となる書は、叡尊《えいそん》上人（一二〇一～一二九〇）の説法を弟子が記録し、書き写しては伝えてきたもので、多分、上人の教えであろう。〝任《まかせ》二御詞《ことばニ》一注《ス》レ之《ヲ》聊《いささかも》不《ズ》レ加《エ》二私詞《ヲ》一〟とわざわざ巻頭に記されている。

七十八項目ある中の第一項が〝学問についての説法〟で、「学問スルハ心ヲ直サン為也」に始まり、この頃の者は「物ヲヨク読付ムトノミシテ心ヲ直サムト思ヘルハナシ」といましめている。

鎌倉時代の奈良でこんなふうに教えていた人がいたと、初めてこれを教わった時の素朴な驚きと、やがて寺で働けることの喜びと希望を与えてくれた思い出深い文言《もんごん》である。自分が学校を卒業したあと六年間、中学校教諭として務め、その間、高校入試のための学習指導に疑問を持ち続けたまま退職、寺の仕事に入ってしばらくした時であったから、この言葉には感動した。

第一項の結びの部分にきた時、信じられないすごい文言があった。「足手ヲ安ムセス修行スルヲバ所依《しょえ》ト名《なづ》ク」足を手を安めることなく、身をもって修行し行動、体験することを学問の基礎、依《より》所《どころ》というのである。

昭和三十年代前半に中学校で働き、後半にこの『聴聞集』に出合ったのだが、それから四十年になろうとしている。

現代日本の教育現場は足手を、体を使うこと、心を直すことなどますます遠ざけている。どうすればいいのだろう。

（佐伯快勝）

我《が》ヲ捨テ偏《ひとえ》ニ為《ためニ》レ他《ノ》シテ離《ル》レ私《ヲ》也

――叡尊（『興正菩薩御教誡聴聞集』）

「法相《ほっそう》、三論《さんろん》、天台、華厳《けごん》、また顕教《けんぎょう》とか密教《みっきょう》とか仏教の教えの様々な経典はあるけれども、本当にわかればたった一つの意味になる。つまりは」として説かれた言葉。そして、この後にユーモラスな一言が付いている。「後に閑《いとま》に申すとも之《これ》を過《す》ぐるべからず候《そうろう》」

いろいろな宗派や仏教の分類があり、それぞれが自派のよさを強調し、時には他をけなし敵対さえすることもある鎌倉時代の仏教界を考えれば、どんな宗派も、釈尊にはじまる仏教の教えはたった一つの意味に集約できるのだとの前置きに、聴聞《ちょうもん》していた弟子をはじめ多くの人々は、かたずをのんでその集約された意味を待ったと思う。その答えが「我を捨て――私を離るる也」で終わった。あっけにとられた表情の聴衆を前に、「今度またひまを見つけて詳しくいうけれども、この結論を超えることはありませんよ」と結んだのである。

我《が》を捨てることは極めてむずかしいと思う。「他の為に」どころか、他のことなど目にも入らないし、考えることもない。利用できるなら自分の利のために他を利用するけれど、邪魔になったり目障《めざわり》ならけ散らし追い出す。そんなことが当然のようにまかり通る世相になってきた。しかし、我を捨て、他のために私を離れることを意識するだけで、どれほど楽に生きられるか、真似《まね》ごとでもやってみることだと思う。

（佐伯快勝）

何況《いかにいわんや》下凡ノ初発心《ほっしん》ノ人ハ利生《りしょう》ニ於テ障リ多シ

――叡尊（『興正菩薩御教誡聴聞集』）

叡尊

〝利生、即ち他の多くの衆生の利益（しあわせ）を願って行動することを修行の根源にしなければならぬ〟との説法の中にある一節で、極めてきびしいが大切な教えである。この文の前に〝完全な菩薩の域に達して、はじめて他の人のために努力をしていると意識して働いても障《さわ》りはなくなるが、声聞《しょうもん》、縁覚《えんがく》と呼ばれる段階までにその意識を持つと駄目である〟という意味を説いている。

「これだけしてあげたのに――」と、ぐちりたくなることがままある。さとりを得たといわれる羅漢の段階にあってさえ、なお、自分がしてあげたという意識があれば障りがあるというのに、凡夫の身がそれを意識すれば、むしろ障りばかりが多いのだということ。利生に生きることのできぬ人生は暗い。あくまで利生は自分を成長させるためにさせてもらえることをよろこぶに徹しなければ、ということだ。

（佐伯快勝）

ゆっくりしいや

――大西良慶（『ゆっくりしいや』）

数え歳の百九歳で遷化《せんげ》された大西《おおにし》良慶《りょうけい》和上《わじょう》（一八七五～一九八三）はほんとにすごい存在だ

大西良慶

った。いろいろ御縁をいただいて、例えば台風で被害を受けた清水寺釈迦堂修理の落慶《らっけい》法《ほう》要《よう》、和上の白寿《はくじゅ》のお祝い、茶寿《さじゅ》のお祝いなどの祝宴に同席させてもらった。そんな時、途中で席を立って自分は隣の部屋でひとやすみするけれど「ゆっくりしいや、あんたら、みなゆっくりしいや」あちらにもこちらにもその声をかけながら一歩一歩、だからなかなか部屋に帰れないというのが毎度のことであった。

百歳を超えられた頃、〝百年の人生を語る〟という出版のために話をされ、それが本となって既に五十七刷、その標題が『ゆっくりしいや』である。

久しぶりに和上の筆になる本の表紙の「ゆっくりしいや」を眺めて、何ともいえぬあたたかな気分になった――という気がする。わかりやすい言葉で唯識《ゆいしき》を説き、観音さまを語っておられる声が思い出される。そして、坊主が軸や色紙に文字を書く時、「読めんよな、むずかしいの書いたらあかん。誰が見ても読めるように書かなあかん」や、神さんでも仏さんでも、ニセものと本ものの区別はたやすいこと。「その神仏の力が大自然の力と関係ないよなものはニセもん。名前や形がけったいなものでも自然の力の神さんは本もの」などを思い出す。

ゆっくりしいやの意味が現代社会のあらゆる面に、大きな意味をもってきたと思う。（佐伯快勝）

天台宗

道心《どうしん》の中に衣食《えじき》あり、衣食の中に道心なし

——最澄（『伝述一心戒文《いっしんかいもん》』）

道心とは、仏教を学び実践する心をいう。目標に向かって努力をする心、といってもいいだろう。衣食とは、文字通り衣食住の生活環境のことである。

伝教大師最澄《でんぎょうだいしさいちょう》（七六七〜八二二）は、道を求めて努力を重ねる向上心があれば、その目的を達成するのに必要な衣食住は、けっして十分とはいえないまでも、おのずとついてくる。一方いくら生活に恵まれていても、その生活の中からは、むしろ安逸に流されて、道を求め自分を高めようとする心は、起きてこない、と述べている。

奈良朝文化が爛熟期を迎え、遷都に揺れて先き行き不透明になった時代に、最澄は約束された栄達の道を放り出し、比叡山に籠り求道一筋の生活に入った。その体験から発せられたこの言葉は、今日でも傾聴に値する。

現在の私たちの生活は、物質的に大変豊かになった。不景気といわれても、町に物が溢れている。にもかかわらず不安感が漂っている。さらに技術革新は多くの利便性をもたらしたものの、人々から想像力を奪い、他人を思いやる心を著しく低下させてしまった。不安に駆られ、自己中心で感謝の心を失った人間が増え、思い通りにならないとその不満を、他人への怨《うら》みにすぐ転化させる。

次々とやり切れない事件が起きている背景には、人格を養う教育が軽視されてきたことがあるからではないだろうか。物に囲まれて便利に生きることが、本当に人間らしく生きることなのか、考え

なおすときに来ている。（杉谷義純）

凡《およ》そ差別《しゃべつ》なき平等は仏法に順ぜず、悪平等の故に。また平等なき差別は仏法に順ぜず、悪差別の故に

——最澄（『法華去惑』）

人間はもちろん平等でなければならない。しかし男女、老若、職業などの違いがある。同性・同年齢であっても、それぞれ個性がある。それらを一切無視して、すべてを一律に同じ扱いにすることは、仏教では正しい平等とはいわない。一方、それぞれの違いを強調するあまり、そこに人間としての不平等な扱いがあってはならないのはもちろんである。

仏教では、人間はもちろん、動物、山川草木に至るまで仏性《ぶっしょう》をもち、仏になる素質があることでは、すべて平等であると説いている。しかしそれぞれ機根《きこん》（能力）というものがあり、その違いに応じた教え（八万四千の法門という）が用意され、いずれも仏になれるようになっているのである。

子どもに差をつけない教育をするということで、運動会で「かけっこ」を止めたり、順位を問わない幼稚園や小学校があると聞く。それは単なる気休めの平等教育である。足の速い子にはその能力を褒め、けっして遅い子を見下したりしないように、また遅い子には劣等感をもたず、少しでも努力することの大切さを教えるのが、本当の平等観を育てる教育ではないだろうか。（杉谷義純）

一隅《いちぐう》を照《て》らす、即ち是《こ》れ国の宝《たから》なり

——最澄（『山家学生式《さんげがくしょうしき》』）

いま天台宗はこの言葉をもとにして「一隅を

最澄

照らす」運動を展開している。「伝教大師最澄の精神を今日に生かそう」というのがその趣旨だが、しかし「一隅とは何か」を具体的に掴むのはなかなか難しいようである。一隅運動では、とりあえず、老人に席をゆずるとか、「無財の七施《しちせ》」のような、身のまわりの、誰でもできることで世の中を明るくしていこうと呼びかけている。

しかし、老人に席をゆずるとか、弱い者を助けるというようなことは、いわば人間としての常識である。もちろんそれは大事だし、大事なことが行われていないから「一隅運動」や「小さな親切運動」の大きな意味があるのだが、伝教大師がめざしたのは国師・国用・国宝の育成である。能《よ》く言う者は「国の師」となり、能く行う者は「国の用」となり、能く行い能く言う者は「国の宝」となって、この国の隅々までも照らせと言っておられるのである。

「国の宝」とは仏教でいえば「菩薩」、世間では「君子」といわれるような徳のある指導的な立場の人ということになろうか。つまり大師は「国宝」すなわち国の指導的立場に立つ者はどのような人材でなければならないか、それをどのようにして育成するかということに生涯をかけられたのである。したがって「戒め」とする言葉も、中には『願文《がんもん》』のように厳しい自戒の言葉も少なくはないが、眼目は国やそれぞれの分野での指導的な役割を担っていく者への訓戒である。

禅者の語録などとは違って、伝教大師の言葉を読む時にまず忘れてならないのはこのことである。

（荒了寛）

施《ほどこ》す者は天に生れ、受くる者は獄に入る
——最澄（『願文』）

この言葉を一つのセンテンスとして読むと、「施しをすることは地獄にやることとだ」という意味にもとれる。もちろんそんな意味ではなく、「悪事を己れに向え、好事を他に与え」、必要なら尸毘王《しびおう》のように、自分の臓器を割いて他に与え、人の命を救うようなことこそ「慈悲の極み」だと言っておられるのだ。

しかし「施し」が地獄を造ることもまた事実である。あえて、ここでこの言葉を選んだのは、今日「受くる者」ばかり増えてきて既に地獄の様相を呈しているからである。

事故が起きたらいくら取れるか。こんな年金じゃ、ろくな暮らしができない。どうしたら働かないで失業保険が貰えるか。米を作らないで金が貰える。「難民」すらも、ひたすら貰う側で安住しているようなことはないか。

貰う側に回った人間に、有難いとか、これで満足ということはない。一万円貰えばなぜ二万円くれないのか——と、はてしない貪欲が、人間を餓鬼にし地獄にする。この精神の公害はどんな公害よりも危険である。

施す側にも「般若《はんにゃ》の智慧」が要る時代になってきたようである。

（荒了寛）

口に麤言《そごん》なく、手に笞罰《ちばつ》せず

——最澄（『御遺戒』）

「私はこれまで粗暴な言葉を使ったり、苔《むち》で制裁を加えるようなことはなかった」という意味である。自らを戒めるのに難しいことは要らない。まず「口を慎《つつし》み、身を謹《つつし》む」ことである。特に言葉はそのまま人柄を現わす。「口は悪いが人は好い」という人もたまにはいるが、言葉が粗暴な人は概《おおむ》ね性格も粗暴である。

『御遺戒《ごゆいかい》』はさらに「我が同法、童子を打たずんば我がために大恩なり」と続く。日本の学校教育で体罰がなくなったのは戦後のことだが、千二百年も前に幼学の者には「柔和愛語」をもって教育すべきことが説かれていたのである（延暦寺禁制戒）。

ところが、体罰がなくなって、最近は子が親に乱暴な口をきき、バットで殴るなど、とんでもない子供が育ってきた。親も教師も、いつか我が身と怖れ戦《おのの》いているが、しかしその子供は親を見、教師にならって育っていくのである。

伝教大師は一方で「師子《しし》の獣は応《まさ》に師子吼《く》して師子の業を作《な》す。野干（狐）は鳴いて野干の業を作す」（『顕戒論』）と述べておられる。「柔和愛語」の中にも毅然《きぜん》たる処がなければならない。猫なで声では獅子は育たない。

（荒了寛）

最下鈍《さいげどん》の者も十二年を経《へ》れば必ず一験《いっけん》あり

——最澄（『顕戒論』）

ある科学者が「一人前の科学者となるためには、習・破・離の段階を踏んでいかなければならぬ」

と話していたのを聞いたことがある。記憶が正確でないかも知れないが、要するに「まず先生から徹底して習う。次にそれを突き破る。最後に先生の教えを離れて独創的な研究に入る」というようなことであったと思う。実際には、能力の差もあるから誰でもがそういうわけにはいかない。少しばかり習って解ったような顔して先生や他人を批判して得意になっている者。どんなに努力しても「破」を脱けられぬ者。「離」の中でも遠近の差は能力によって更に何倍もの距《へだ》りが出てくるだろう。

徳一《とくいつ》法師は、「法相《ほっそう》」の立場から、人は生まれつき能力の差があって、仏になれる者となれない者がきまっているという「五性各別《ごしょうかくべつ》」を強く主張した。これに対して伝教大師は、「法華一乗《ほっけいちじょう》」の立場から、「五性」の差別は修行の段階を示すだけで、時機がくればどんな人間でも仏になれる、と主張した。今でいえば「何人《びと》も法の前には平等である」という「基本的人権」を唱えたということになろう。

しかし伝教大師は既に『願文』でもうかがわれるように、「修行の段階」については自分に対しても極めて厳格であった。『学生式《がくしょうしき》』では「大戒を受け竟《おわ》らば、一十二年山門を出でず、勤めて修学せしめん。初めの六年は聞慧（学習）を正となし、思修（思索と実修）を傍となす。後の六年は思修を正となし聞慧を傍となす」と定めている。

なぜ「十二年」か。『蘇悉地羯羅経《そしつじからきょう》』に拠るとされているが、戦後の学制「六・三・三」と合うのも興味をひく。何の道であれ、ともかく十二年くらいはみっちり修行を積まなければ、ものにならないということだろう。また、十二年もその道一筋に取り組んで努力をすれば、どんなに劣った者でも必ずその効験はあらわれるという励ましでもあろう。『養生訓』（貝原益軒）にも「万の事、つとめてやまざれば必ず験あり」とある。

（荒了寛）

寂《じゃく》と雖《いえど》も常に動《どう》あり。動と雖も常に静《せい》あり

――最澄（『経師観行』）

金色の獅子は、兎を獲るのにも全力を尽くすという。悠々と歩き、悠々と臥《ふ》し、しかも常に外敵を警戒し、獲物の気配に神経を集中している。獲物を狙うときは爛々と目を光らせて身構える、その一瞬、心と体と獲物が一つになる。名バッターが球を迎えて構える一瞬もそれに似ている。そういう緊張の時が訓練された精神の最も充実する時である。禅が狙うのも要は精神の充実である。坐禅によって緊張を高め、作務《さむ》などによって弛緩《しかん》し、その弛緩がまた緊張を高める。禅はそのバランスが肝要である。

天台の禅は「止観《しかん》」である。具体的には「四種三昧」だが、これは坐禅と行禅の組み合せ、四つの方法に分けたもので、弛緩と緊張、動と静のバランスを図ったものと思われる。

生活の中でも、このバランスが宜《よろ》しきを得ないとストレスやノイローゼの原因となる。「受験勉強」などというと有害ばかり主張している人もいるが、「禅体験」と思えば、これほど有効な方法はない。勉強が嫌いな子にはスポーツを徹底してやらせてみるとか、社会に出る前にほどよく緊張感を体験させておくことは、その後の人生に必ず大きな意味をもつと思う。

『経師観行』では「写経」においても「行住坐臥、言語作作、中道の止観を修せ」と説かれてい

る。

（荒了寛）

己に定まれる禍《わざわい》は免《まぬか》れ難しと雖も、まだ定まざる災は、縁《えん》あれば必ず脱す

——最澄（『顕戒論』）

伝教大師は十九歳の時『願文』を書き、「般若《はんにゃ》の心を得ざるより以還《このかた》、世間の人事の縁務に著せじ」と誓願をたて、もしその誓願によって「六根相似の位」に至ることができたなら、「国土を清め、衆生を成就し、未来際を尽すまで恒《つね》に仏事を作《な》さん」と固い決意で結んでいる。

禅などで「悟後《ごご》の修行」ということが言われているが、「悟ってから」が本当の菩薩の修行となるのである。悟ってからが大事なのである。俗人でも、大臣になった、社長になった、博士になった、それから何をするかが問題なのである。

『学生式』では、十二年の修行を終えた者は、秀れた者は「国宝」となって叡山に止《とど》まり後進の指導にあたり、「国司・国用」は山を下りて「池を修し溝《みぞ》を修し、荒れたるを耕し崩れたるを埋め橋を造り船を造り……国を利し人を利するに用う」と定めている。「般若」とは「悟りを得た菩薩の智慧」が、政治や経済や医学・教育など「世間の縁務」に実際に働くことである。

現代のように科学が発達し、それぞれの分野が高度に専門化した時代には、一人の「菩薩」があれもこれもというわけにはいかぬかも知れないが、「因なくして果を得る」ような誤まりを糺《ただ》し、「忘《もう》己利他《こりた》」の精神で行動すれば、戦争だの公害だの、エイズだの、その他諸々の「五濁の邪災」は「仮名の菩薩」でもこれを未然に防ぐことができると、伝教大師は千二百年も前から説き続けておられる

のである。

（荒了寛）

夫《そ》れ一切衆生《いっさいしゅじょう》、三悪道《さんあくどう》をのがれて人間に生《うま》るること大《おお》いなるよろこびなり

――源信（『横川法語《よかわほうご》』）

三悪道とは、地獄・餓鬼・畜生の三つの世界をいう。『往生要集《おうじょうようしゅう》』を著し、日本の浄土教に大きな影響を及ぼした恵心僧都源信《えしんそうずげんしん》（九四二～一〇一七）は、人間に生まれることの意義は何事にも替え難く、大いに喜ぶべきことであると、強調している。たとえ、どんなみじめな境遇に生まれたとしても、動物に生まれるよりましだし、いくら貧乏であっても、餓鬼道に堕ちた飢えの苦しみに較べれば、なんとか耐えられるだろう。願い事が少しもかなわない不平不満があっても、地獄の苦しみに比較すれば、つらさが違う。そして人間に生まれたからこそ、仏の教えと出会い、仏の智慧に照らされて、命の有難さや生きる意味を知ることができるのである。

人間に生まれることとは、須弥山《しゅみせん》という巨大な山頂から、その麓においた針に糸を通すほど困難なことであると経典に書かれている。にもかかわらず最近は随分命が粗末に扱われている。そして「なぜ人を殺してはいけないのか」などという質問が出され、識者が一生懸命、理屈を並べて答えようとしている。人を殺してはいけない、という絶対の真理を、理屈を越えて子どもたちに教えられる大人が少なくなったことこそ、大問題だと思う。

（杉谷義純）

真言宗

朝夕涙を流し　日夜に慟《いたみ》を含むといえども　亡魂《なきたましい》に益なし

——空海（『性霊集《しょうりょうしゅう》』第八）

肉親や、親しい人々との別れは、悲しく、そして苦しいものだ。ある人は、死とは別れだ、と言った。実につらいものだ。ある時、葬儀の最中に大きな声で泣きだしたご婦人がいた。故人を思うあまりの我を忘れた行為であったが、私は、その涙の水で魂が洗われたのではないのか、と思った。

この徳海《とくかい》（広大な徳）を傾けて茕魂《けいこん》を潤洗《じゅんせん》せん。

とは、法事における空海《くうかい》（七七四～八三五）の言葉である。

空海も愛弟子・智泉《ちせん》のあまりにも早い死にあい、

夢夜の別れ不覚の涙に忍びず

とて、修行の大海を半ばまで渡ったのに一本のかじが折れ、六道輪廻《ろくどうりんね》（天・人間・修羅・畜生・餓鬼・地獄）の大空を未だ渡りきらないうちに片方の羽がくじけてしまった、となげき、

哀れなるかな、哀れなるかな、また哀れなるかな。悲しいかな、悲しいかな、重ねて悲しいかな。

と涙を流している。

人の死は、他人《ひと》に大きな影響を及ぼしてしまうことはさけられない。しかし、その悪影響を最小限度にくいとめる智恵があってもよい。いたずらに、涙を流しただけでは、なんの利益があるだろうか。人間の存在は、網の目の一つだ。死は、その一つの網の目がほどけてしまったということであろう。早く、そのほどけた網の目を修復しなけ

ればならない。

（福田亮成）

春の華、秋の菊　笑って我に向えり
――空海（『性霊集』第一）

空海

山は有難い。山を歩いていると、肩にとまってくれたトンボに、よくぞとまってくれたという感謝の心がおこってくる。道端に咲いている可憐な野草の一輪がなんとも有難いのである。山道を黙々と歩いてゆくと、当然苦しくなって休むことになる。それを何回もくりかえしていると、いつのまにか心は単純にして、澄んでくる。

空海は、山野に修行の場を求めて精神を研《と》ぎ澄《す》ました人だ。この言葉は、そのような時に実感したものに違いない。空海の一大事業に高野山開創ということがあるが、その地は若い修行時代にすでに確認していたことだ。

空海少年の日、好んで山水を渉覧《しょうらん》して、吉野より南に行くこと一日、さらに西に向って去ること両日程にして、平原の幽地《ゆうち》あり。名づけて高野という。計るに紀伊国伊都郡《きいのくにいとぐん》の南に当れり

と述べている。空海は〈行《ぎょう》〉ということを先行して仏教にかかわりをとげた人だ。彼の思想体系は、その底にすべて〈行〉の裏打がしてある。空海が好んでつかう〝三摩地《さんまじ》〟という言葉の世界は、そ

の〈行〉と、そして思想との接点において広々と展開している密教というものの風光だ。空海は言っている。密教とは、単に経典の文句の限定のなかとか、ある宗の立場からの発言は、すべて煩悩辺のそれであり、それをもっと拡大して生きとし生けるもの、宇宙大なる自然のなかにこそ真実をつかみとろうとする立場である、と。（福田亮成）

吾が生の愚なる、誰に憑《よ》ってか源《みなもと》に帰らん。但《ただ》し法の在るなり

――空海（『性霊集』序）

私たちが子供を叱る時、あまりにも感情的になりすぎていないだろうか。子供がいうことをきかなかったり、いたずらをしたり、反抗的になったりすると、もうそれだけで自制心を失い、感情が高ぶって手をあげたり、強い調子で叱ったりしてしまう。そこには、冷静さを失った感情の激動のみがうごめき、相互《おたがい》に利益がないばかりか、心のしこりがのこってしまうものである。

ある婦人警官が、子供の補導にあたって、自分が何を基準としているのかと悩み、苦しみ、やがて仏教に自分の拠《よ》り処《どころ》を求めた、ということを聞いたことがあった。

私たちの日常生活は、たえず変化の相のもとに流れている。その時間の流れのなかにただ流されていくだけではなく、主体的にその流れに竿《さお》さして自由自在にかじをとって生きていくことこそ肝要であろう。そのためには、竿さすための不変なる拠り処を獲得することが必要になる。その拠り処こそが、真実なるもの（＝法）ではなかろうか。激動する心のありように、一つの不変なる拠り処をもたらす。

〝不動心〟ということが言われる。それは、心がまったく動かなくなるということではなかろう。心がまったく動かなくなったら、それは死にほかならない。すなわち、動く心もやがて、永遠なる真実の前にしずまってゆく、ということであるに違いない。（福田亮成）

心暗きときは、すなわち遇《あ》うところ、ことごとく禍《わざわい》なり。眼《まなこ》明《あきら》かなれば、途《みち》に触《ふ》れて皆宝なり

――空海（『性霊集』第八）

日常生活のなかで誰でもが感ずることに、病を得て入院生活を余儀なくされた時に、なんと歩けることの、そして食べられることの有難さを味わうことか。健康であれば日常普通にしている行為が、病を得るとできない。なんと苦しいことであろうか。私だけがどうしてこのような不幸を背おうことになるのだろうか……そう考えてしまうと、世の中はすべて暗闇《くらやみ》となってしまうであろう。やがて、治療の効果があらわれ退院ともなれば、日常のくらしのなんと有難いことか。働くということのなんと楽しいことか、世間は輝いて見えてくるに違いない。

空海はいう。光輝いている方向に顔を向けて生きれば、輝き明るい世界が無限に展開してゆく。しかし、その輝き明るい世界に背を向けて生きれば、自分の暗い影だけを見てゆかねばならないだろう。

私たちの生きている世界は、昼と夜とがあるように、輝き明るい世界と、暗く苦しい世界とが同じ場所に混在しているかに見える。心して輝き明るい方向に身を正してゆくべきだ。もし暗い

苦しい毎日が続いても、そこに明るい世界が完全になくなってしまいはしない。『大日経《だいにちきょう》』という経典に登場してくる法身《ほっしん》大日如来の大慈悲の光明は、太陽のそれのように光り輝いているが、まったく影をつくらず、全てに平等に遍照しているという。（福田亮成）

六大無碍《ろくだいむげ》にして常に瑜伽《ゆが》なり

——空海（『即身義《そくしんぎ》』）

すべての物質は地（土）、水、火（太陽の恵み、熱と光）、風（空気）、空（虚空）の五つから成りたつ。いわば五つの元素ともいえるこれを五大という。それに識という心（精神）があって一人の人間という存在がある。すべての動物、植物はもちろん、生命あるものもないものも、存在するすべてのものはそれぞれ同じ五大と識、すなわち六大からできている。各々がここから生じ、ここへ還っていく。この六大が大日如来という法身仏そのものである。

あの木もこの虫も私自身も、鳥も魚も草花も、偉大な仏も共に六大から成りたっていて、それぞれを隔てるものも、さえぎるものもない。地、水、火、風、空、識の相互の間もまた同じである。まさに融通無碍である。

そして常にうまく調和しながら共存しているのが自然界である。大自然の中に存在するすべては「六大無碍、常に瑜伽」で、美しくきびしく、清らかで、人間も本来そうなのである。（佐伯快勝）

因果《いんが》あい感ずること　あたかも声響《せいきょう》のごとし

——空海（『性霊集』）

仏教の基本思想の一つである因縁因果《いんねんいんが》の法は、

とかく前世の悪業が今生の不幸になって現われたというように、今さらどうにもならぬとあきらめの思想として受けとられがちである。だから人間の今の力では解決できぬから、ひたすら神仏に救いを求めよといった方向へ引っ張られる。

原因があって経過（縁）があって、その結果としてこの現象がおきることは真理である。それは叫んだ声がこだまとなってもどってくるようなものだというこの法則を、まずわきまえること。これがわかれば都合が悪くなったら神仏の力に頼ってこの法則を破ってもらうということは勝手すぎると気がつく。

どうにもならぬことにくよくよするより、今できることをしてそれを因に、いい結果がもどる努力精神をこそはげむべきだ、という教えが因果の法を説くことなのだ。

（佐伯快勝）

頭を剃《そ》って欲を剃らず　衣を染めて心を染めず

——空海（『宝鑰《ほうやく》』）

文章の国である中国でも、空海の名文はずばぬけて見事だと認められていた。経典や先人の詩文を縦横に駆使して、少々美事すぎるぐらいの文章ばかりの中で、これは珍らしくわかりやすく読み易い一文である。

頭を剃って形は僧形になっても、肝心な欲をどうすることもできずにいることや、衣は僧の衣を身につけていても、心の方は全く仏弟子にはならないといった意味である。

しかし、世間ではまず表面的な形が重視されて、その内面は二の次であることが多い。形式が整い、印鑑が押してあれば、それで通るということも同じである。

今、社会問題にもなっている中学校や高等学校の、衣服から頭髪に至るまで、細かい規則づくめで形ばかりを統一管理している姿を、この一文から連想させられる。

（佐伯快勝）

虚空《こくう》尽《つ》き　衆生《しゅじょう》尽き　涅槃《ねはん》尽きなば　我《わ》が願いも尽きむ

——空海（『性霊集』）

この文は晩年の空海が〝聊《いささ》か万灯万花の会《え》を設けて、両部曼荼羅、四種の智印《ちいん》に奉献す〟るという〝高野山万灯会《まんとうえ》願文〟にある、あまりにも有名な一節。

この大宇宙が尽きはて、生きとし生きる全ての衆生が尽きはて、涅槃の境地さえ尽きはててしまったら、自分の衆生済度の願いもはじめて尽きるだろう——ということ。

果てしなく雄大で、限りない永遠の生命を生きるという〝お大師さま〟の言葉である。

一人の偉大な僧が、高野山で入寂したというのではなく、その身そのまま留まって入定されたのだという〝入定《にゅうじょう》信仰〟は、この虚空尽き——の文言の延長上にある。まさに法身大日如来と共に、常にお大師さまはいてくれるということが見事に表現されている。

（佐伯快勝）

生《うま》れ生れ生れ生れて生《せい》の始めに暗く、死《し》に死に死に死んで死の終りに冥《くら》し

——空海（『秘蔵宝鑰』）

原漢文は「生生生生暗生始、死死死死冥死終」。弘法大師空海の『秘蔵宝鑰《ひぞうほうやく》』（鑰はかぎのこと）の序。空海には『秘密曼荼羅十住心論』（略して『十住心論』）十巻があり、『秘蔵宝鑰』はその綱要である。人間の心を十住心に分け、最後に顕《けん》教《ぎょう》をこえた最高の真言密教の秘密荘厳心《ひみつしょうごんしん》に到達する。その過程には世間の心三、小乗二、大乗四（法相・三論・天台・華厳）の九段階をあてている。

その序であるが、狂人が自分で狂っていると気づかぬように、人は自分の生まれて来た意味、死の意味も分からぬまま、次々生まれ、次々と死んで行く。しかし、十段階を経て真言密教に到ればその意味を悟ることができる。だから絶えず向上につとめよ、といっている。故人の俳句に、「生れ生れ生れて法《のり》の露」というのがある。次々に生まれるものはみな仏法にあえるようにの意。

（松本寧至）

仏法はるかにあらず、心中《しんちゅう》にしてすなわち近し。真如《しんにょ》外《そと》にあらず、身を棄《す》てていずくにか求めん

——空海（『般若心経秘鍵』）

原漢文は「仏法非遥心中即近、真如非外棄身何求」。

これは『般若心経秘鍵《ひけん》』の序。仏の教えは遥かかなたにあるのではなく、我々の心の中にあって、まことに近いのである。真理は我々と別のところにあるのではない。ただ身を抛《なげう》ったところで理解できようか。仏法を求め、真理をさがすこころが大事なので、形ではない。

空海はつづける。「迷悟《めいご》われに在れば、発心《ほっしん》すればすなわち到る。明暗他《みょうあんた》にあらざれば、信修《しんしゅ》すればたちまち証す」と。

哀れなことに酔っている人、惰眠している人は、真理に目ざめた人を嘲《あざわら》っている。迷いにはまり込んでいる者は、名医に薬をもらうこともない。それでは、いつ大日如来のさとりの光明を見ることができようか。

真言密教は人の能力に応じて、やさしくさとりに到達できる手だてがある。ちょうど慈父が子供を導くようなものだと説く。

『般若心経』は簡単であるが、要領よく内容は深いものであるとし、さらに真言密教の立場から人間の本質を解明し、最初にあげた無明《むみょう》な我々に鋭い問いを投げかけている。

（松本寧至）

一切の男子《なんし》は是れ我が父なり、一切の女人《にょにん》は是れ我が母なり

——空海（『教王経開題』）

以下、「一切の衆生は皆是れ我が二親、師君なり」と続く。原漢文は「一切男子是我父、一切女人是我母、一切衆生皆我二親師君」。

全ての男性は自分の父であり、全ての女性は私の母である。そして、全ての生きとし生けるもの、みな私の両親であり、先生である。衆生の恩とは前世において自分の父母であったかも知れないからだ。

『心地観経《しんじかんぎょう》』にも「一切男子即是慈父、一切女人即是悲母」とある。空海は加えて先生であるというのだ。

現在の社会は親子関係も人間関係も荒廃し、自然環境も破壊しつくされている。一切の男子、女人をはじめ、生きとし生けるものに感謝の念を捧げ、敬うことが大事だということに我々は気づくべきであろう。そして心のゆとりをとりもどさなければならない。

手におえない衆生もあるだろうが、多くはこちらの足らざるところを痛烈に教えてくれる師であると思い直さなければならない。

（松本寧至）

唯《た》だ願《ねが》くば　一生をして　空《むな》しく過《す》さしむることなかれ

——覚鑁（『五輪九字明秘密釈《ごりんくじみょうひみつしゃく》』）

日常の時間は、恐ろしいものだ。いつのまにか、私たちを速く、そして遅く流し去るものだからである。知らず知らず、その流れに溺れてしまっている自分を発見することがある。この言葉は、興《こう》教《ぎょう》大師《だいし》覚鑁《かくばん》（一〇九五〜一一四三）のそれであるが、使われている文脈で味わうより、この言葉をば空に投げ上げてみると、私たちすべてに向けられた極めて激烈な言葉ではなかろうか。

現代社会の大きな問題は、人間が生きる時間をたくさん獲得したということではないだろうか。人間が長寿を獲得したということは、実際のところ功罪あいなかばする。日常の時間がたくさん与えられたことは、それだけで幸福であるということはでき

覚鑁

ない。老人としての時間の量が多ければ多いほど、健康であるという条件がともなわないかぎり、かえって苦痛ともなるであろう。

しかし、条件がととのい、健康であるならば、人生を折り返すことができる。自分の半生を反省することができる。そして、他人《ひと》に感謝することができる。

昨今、生命の量より、その〈質〉が問われている。他人《ひと》のために生きるということは、同じ人生を二倍生きるということになるに違いない。

（福田亮成）

若《も》し傲《おご》る心あれば是《これ》もなきにしかず

——飲光（『人となる道』）

どんなに豊かな能力を持っていても、おごる心が出てはおしまいである。傲慢、驕慢を戒める言葉は多いが、この慈雲《じうん》尊者飲光《おんこう》（一七一八〜一八〇四）の〝人となる道〟で示された教えは具体的である。

「智勇世を掩《おお》ふ、容貌衆に異なる、名称の広く達する、才芸の他に超る等、その慎を忘るべからず」と他に比してすぐれたものを持ち名声を得るに至っても、慎《つつし》みを忘れてはおしまいだと説く。続いて「其の徳ありて其の位にをる、その功ありてその禄をはむ、譲を受けて其の家に主たる、幸に遇うてその財にとむ」そして、「若し傲る心あれば——」と続くのである。

おごる心がすべてを帳消しにしてしまう。わかっていても、それを支えにしなければ生きて行けぬ劣弱な心を持っているのが自分という人間なのだという自覚をまず持つことが、たいせつではないだろうか。

（佐伯快勝）

今時《いまどき》僧坊《そうぼう》と称するもの、情《なさけ》に自他を忘れず、法《ほう》に彼此《かし》を分《わか》つ

——飲光（『根本僧制』）

尊者三十二歳で制定されたという教団（僧伽《サンガ》）のあるべき姿を規定した『根本僧制』の中の一文である。あってはならぬのに今時はこうだということで、常に自派他派を意識して普遍の真理である法に彼と此とを分けて考え行動するということ。このあとに、たとえ法をはずれ、戒を犯した者も自派の者はかかえ、法の如くに行い、まじめに戒律を保つ者も、他派で入門した人は本当の同胞として受け入れないことを嘆いている。

現代の日本の各教団も心しなければならぬ大事なことであるが、なかなか徹底できない極めてむずかしいことである。そして自派他派の意識は、政治家の派閥に限らず、学者の間や、芸術家の集団にさえ根強いという。

人間の本当の智恵は、やはり正しい仏法に依らねば素直に成長しない。仏法を釈迦の原点に求めた尊者のこの言葉は鋭く迫るものがある。

（佐伯快勝）

その本来さながらの境地に立ってみる。その世界では悟りも迷いもないのです

——那須政隆（『本覚より帰命へ』）

那《な》須《す》政隆《せいりゅう》師（一八九四〜一九八七）は、伝統的な真言宗宗学者であった。その学風は、厳密の一言でくくられるものであったが、ご自身の精神は、主体的であり、かつ自由闊達であり、求道的であった。よく言われた「学者ではなく覚者た

那須政隆

れ」とは、ご自身の心情でもあったに違いない。

ある時、「本覚《ほんがく》より帰命《きみょう》へ」と題する講演を聴講したことがあった。本来成仏という立場からなされる行動は、ただ〈帰命〉ということにおさまる、ということであった。文中の「本来さながら」とは、本不生《ほんぶしょう》、すなわち空《くう》ということであろう。すなわち、主客未分《しゅきゃくみぶん》の境地に立ってみるならば、悟りも、迷いもないというのである。迷いをたちきって悟りをうる、という相対的な立場は、それ自体が迷いであり、その相対的な世界をこえた、そのところをば、「本来さながら」の境地といっているのである。

このようなことがらは、二十歳代の那須政隆師が書いていることであり、九十歳代の那須政隆師が書いていることであった。生涯を通じて一貫した見解であったということができよう。

九十余歳の那須政隆師が、ご自身の師僧を熱い涙をもってかたる様子が、いまも眼底にやきついている。

（福田亮成）

浄土宗

現世《げんせ》をすぐべき様《よう》は、念仏の申されん様にすぐべし

――法然（『和語灯録』）

以下「念仏のさまたげになりぬべくばなになりとも、よろづをいとひすてて、これをとどむべし」と続く。

これがまさに法然《ほうねん》上人（一一三三～一二一二）の、今を生きるための教えである。

それでは、念仏とは何か、ということになる。しかし私はここで念仏の仏教的な意味を述べようとは思わない。それよりも上人にとって、念仏は、この世を過ごすために最も大切なもの、言葉を換えれば、人生の第一義であったということである。このことをはっきり知れば十分であろう。仮にこの言葉をもって先の文を書き替えてみると、

現世をすぐべき様は、人生の第一義がなされる様にすぐべし。人生の第一義を行うにさまたげになりぬべくば、なになりともよろづをいとひすてて、これをとどむべし。

ということになる。上人は人生の第一義を念仏と受け取られた。それならば、われわれはそれを何と受け取ろうとするのか、そこが問題である。

（梶村昇）

衣《い》食《しょく》住《じゅう》の三《みっつ》は、念仏の助業《じょごう》なり

――法然（『和語灯録』）

考えてみれば、今の世は、あらゆるものが「衣食住の三」に捧げ尽くされている。経済はもちろんのこと、政治も、外交も、教育も、果ては芸術に至るまで、我々の日常の経済生活を豊かにするために奉仕させられている。生活が豊かになるこ

法然

とは歓迎されるべきことである。しかし、その豊かな経済生活は何のためにあるのか。

このようなことは、昔から言われてきた。しかし、それでも飽くことなく追求しつづけている。そして相変わらず今際《いまわ》のきわに至って、「自分は何のために生きてきたのであろうか」と長嘆息する。偉そうに人を責めて言うのではない。とてもそのような柄ではないが、もちろん私も含めて多くの人が、この有り様である。

「衣食住は人生の第一義を生きるための助けとなる業である」と言われていることと、我々は全く逆の生活をしているのである。

法然上人を「人生の達人」と呼ぶゆえんは、何が人生の本であり、何が人生の末であるかを明示され、それに従って、鮮やかなまでにすべてを取捨選択したことにある。とすれば今の我らにとって大切なことは、人生の大事とは何か、ということを自らに問うことにある。それは自らに問うことであって、人に教えてもらうことではない。

（梶村昇）

速《すみや》かに生死《しょうじ》を離れん

——法然（『選択本願念仏集《せんじゃくほんがんねんぶつしゅう》』）

法然は、今から八百五十余年も昔、長承二年（一一三三）、美作《みまさか》国、今の岡山県久米南《くめなん》町に生まれた。土地の豪族であった父は、法然の九歳の時、夜襲を受けて不慮の死を遂げた。父は今際《いまわ》のきわに、一子法然をよび、こう言った。

「汝《なんじ》は敵を恨み仇《あだ》を討《う》とうと思うではない。汝が討ち、相手がまた返り討つ。これを操り返せばいつまでも仇の尽きることはない。それより一日も早く出家をし、わが菩提を弔い、みずからの解脱《げだつ》を求めるように」

と。「速かに生死を離れん」とした法然の生涯はこの時に始まった。天下の秀才の集まる比叡山に行ったのも、「山のあなたの空遠く、幸い住むと」思ったからである。しかし、結局は「涙さしぐみ帰」ってきた。なぜならば、そこで法然に示されたものは、大乗仏教最高の教学とはいいながら、救いの現実から遊離し、論理を積み重ねたような観念論に過ぎなかったからである。

この様は、こう言っては申し訳ないが、どこか今の日本の仏教界に似ていやしないか。学会は盛況で、研究は質量ともに世界一と言えそうだが、それは仏教学の研究であって、求める若者は、「涙さしぐみ帰」ってくるしかないからだ。

（梶村昇）

はじめて見たつる

――法然（『四十八巻伝』）

十八歳になった法然は、師匠の皇円《こうえん》のもとを辞し、西塔黒谷《さいとうくろだに》に籠《こも》っている叡空《えいくう》を訪ねた。もちろん救われる道を求めてのことであったが、それはそう容易に得られるものではない。彼は比叡山に対するもう一方の雄である南都にまで足を延ばし、教えを請うて歩いた。しかし、彼が満足できる答えは得られなかった。この時、法然はこう述べている。

学問は「はじめてみたつる」ことが極めて大事であって、師の説を伝え習うことはたやすいことである（『四十八巻伝』巻五）

と。どこを歩いても、伝え習った師の説しか教えてくれない、それが学問といえるなら、たやすいことだ。たしかに、三国伝来の教学は、戒を守り、心を一つところに定め、智慧をみがく、この戒《かい》と定《じょう》と慧《え》の三学を修行すれば悟りに到達できると教える。立派である。しかし、誰がそれを実行できるというのか、誰もできないではないか、にもかかわらず、できる、できないということさえ問題にしようとしない。それは権威ある教学の結論だからというのであろうが、それでは、自分のような者の救われる道はないではないか。

法然は思った。学問は「はじめてみたつる」（創見）こと、それが大事なのだと。三国伝来の教学で救われないならば、「はじめてみたつる」道によって救われる以外に方法はあるまい。それを誰が樹立するのか、誰かがしてくれれば、文字通り有難いことだが、誰もしなければ自分がする以外にない、と。

こうした気持ちが、この述懐には秘められているように思われる。道を求めるはげしい意欲と決意、それに加えて剛直な法然の性格が垣間見られるような気がする。世間ではよく法然を、おとなしい、まじめな、行いすました聖僧のように思っているようであるが、そうではない。そんなことで、六百年にわたる長い歴史の上にあぐらをかいてきた仏教教団をひっくりかえすような大事を成し遂げることができるものではない。

安元元年（一一七五）四十三歳になった法然は、

長い苦闘の末に、万人が救われる道を「はじめてみたて」て比叡山を下りた。それは、心をこめてナムアミダ仏と称えよ。アミダ仏が我々を極楽浄土に摂取してくれる。それがアミダ仏の誓願であるから、というものであった。彼は「はじめてみたつる」真の学問を自ら樹立したのである。

（梶村昇）

生まれつきの目鼻のままで

——法然（『一言芳談』）

高野山の蓮華《れんげ》谷聖《だにひじり》の創始者明遍《みょうへん》は、保元《ほうげん》の乱の大立者信西《しんぜい》の子で、秀才の誉れ高く、道を求める志も深かった。ある時、善光寺にお参りし、帰り道に法然を訪ねて質問した。

「どのようにしたら迷いの人生を離れることができましょうか」

「念仏を称えなさい」

「そのようにうかがっておりますが、念仏を申している間に、妄念が起こるのですが、それはどうしたらよいのでしょうか」

「妄念が起こっても構いません。阿弥陀仏の本願力で往生するのですから」

明遍はそれを伺って帰っていった。その後で法然はこうつぶやいた。

妄念を起こさないで往生しようとしている人は、生まれつきの目鼻を取り捨てて念仏を申そうと思っているようなものだ。

と。これは法然の教えを知る格好な話である。ところがある学者は、「こんな簡単なことを明遍ほどの碩学《せきがく》が質問することはないから、この話は疑わしい」と書いている。とんでもない。たしかに話自体は簡単である。しかし、法然のこの話が分かるには、従前の仏教理解を百八十度転換させなければならない。それは至難のことである。

今でもそうではないか。「そんな悪いことをしていて何が救いか」というような言い方をするであろう。これが宗教についての世間的理解というものである。悪いこともしない、妄念も起こさない、そういう人が本当の宗教者になれるのだと、昔も今も思っている。

法然の言うことは、妄念や煩悩は捨てられるのか、それが捨てきれるように思うのは、論理に幻惑された錯覚である。試してみればすぐ分かる。煩悩は捨てきれるものではないことが。それはちょうど生まれつきの目鼻を取り捨てようとしているようなものだ。「不断煩悩得涅槃《ふだんぼんのうとくねはん》」(煩悩を断つことなく涅槃を得る)のである。生まれつきの目鼻のままで生きるのだということである。まったくそれしかない。「八風が吹いても」それに従って動いていくしかない。それが「動ずることのない天辺の月」の姿かも知れないが。建築でいえば柔構造というところであろう。地震とともに揺れていればよい。

(梶村昇)

ただ一向《いっこう》に念仏すべし
——法然(「一枚起請文」)

「一枚起請文《いちまいきしょうもん》」の最後の言葉、「ただ一向に念仏すべし」である。これが法然の絶筆といえる。念仏に生涯をかけた人の最後にふさわしい言葉である。

ところが、ひたすら念仏を申すこと、それがいかに難しいか。現代人にとって大きな躓《つまず》きの石となっている。それは法然の直弟子にとってさえ、容易なことではなかった。なぜそれほど難しいのであろう。弟子の親鸞はこう述べている。

ナムアミダ仏と申して、本当に浄土へ往けるのか、地獄に陥ちるのか、私にはぜんぜん分からない。（『歎異抄』取意）

と。親鸞は、念仏そのものを信じきれなかった。それでは彼は念仏を称えなかったか。そうではない。彼はしきりに念仏をすすめている。なぜか。彼は続けてこう述べている。

たとえ法然聖人にだまされて、念仏して地獄に落ちたとしても、少しも後悔はしない。そのわけは、念仏以外のどのような行をしても、救われる身ではないからだ。

と。考えてみると、これはおかしな論法である。念仏して救われるかどうか分からないが、何をしても救われないのだから、信ずる法然聖人のおっしゃるとおりにするしかないというのである。これは念仏への信ではなく、法然聖人への信である。浄土宗第二祖といわれる聖光《しょうこう》もそうである。彼は著書『末代念仏授手印《まつだいねんぶつじゅしゅいん》』の裏書きに、

念仏の「義も知らず、その文を知らざるとも」、法然上人のもとで学んだとき、そう習ったのだから、そう申すだけである。

と。義も知らない、文も知らない、ただ法然上人が言われたから、そう申すだけだという。めちゃくちゃな論理である。この苦闘を経て祖師方は念仏をわがものとしていった。

（梶村昇）

生けらば念仏の功つもり、死ならば浄土へまいりなん

——法然（『法然上人行状絵図』巻廿一）

以下「とてもかくても、此身には思ひわづらふ事ぞなきと思ひぬれば、死生ともにわづらひな

し」と続く。

生と死の問題、否、「自らの死をいかに迎えるか?」というような話題が、テレビの放映を通してお茶の間へ入り込むような時代を迎えている。高齢化社会に突入し、「ヒト」という客観的な視点ではなくて、「私の」という切り口で〝生・死〟が課題となるということである。それは〝こころの豊かさ〟へと吸収されていくプロセスなのか?

法然上人は「生きている時には、何遍とはなく念仏にいそしみ、死を迎える時にはそのお念仏のお陰(功徳)によって、浄土へ往生したいと願っています。いずれにしても、この私の身には苦しみ思いわずらうことはないのだと思っておりますと、生や死をめぐって思い悩むことはないのです」と、心の構えをしなやかに語り諭して下さる。

〝人〟として尊くも生を受けた私たちは、いったい何処から何処へ往くのかという問いの只なかで生の営みを続けている。今日の医学界においても「人は生きてきたように死を迎える」と言われる。「生きてきたように」とは、〝生きざま〟と言えよう。自らの〝生きざま〟へ思いを巡らすことを忘却したのが現代人だということにならないように、私たちは心したいものである。人として尊くも生を受けた者は、生も死も思いわずらうことのない「人生の旅」を続ける知恵を持つように、法然上人は導いて下さる。

(藤本浄彦)

能令《のうりょう》瓦《が》礫《れき》変成《へんじょう》金《こん》

——法然(『選択本願念仏集』)

よく瓦礫(瓦や小石)を変じて金(ゴールド)と成らしめる、と読む。瓦や石のようなガラクタでも、金銀サンゴ綾錦《あやにしき》のような貴いものに変わることができる。泥中の白蓮花で、泥のような中からでも何と蓮のような浄らかな花が咲いて出るというものである。私たちのような泥凡夫《ぼんぷ》が如来さまのお育てで九品《くほん》蓮台の上に乗せさせてもらえるのである。

万葉集の東歌《あずまうた》に「信濃なる千曲の川のさざれ石も君し踏みては玉と拾わん」という歌がある。千曲の川のかわらの小石でも、恋しいあなたの玉のみ足でお踏みになった小石なら、私は玉として貴いなつかしい宝物として拾います、という恋心の歌である。淡い湯の香も露地うらも君住む故になつかしや……湯の町エレジーの世界である。何でもない暗い露地裏が、人によっては恋しいなつかしいロマンの小径に変わってくるというもの。つまり能令瓦礫変成金――心のありよう、身のありようによっては、瓦礫変じて金と成ることもまんざら絵空ごと、ごまかし、言葉のあやではないということである。

（長澤普天）

学問というとも、生死《しょうじ》を離るばかりの学問は得すまじ

――聖光（『浄土宗要集』第二）

この言葉は、法然上人の直弟子で浄土宗第二祖の聖光房弁長《しょうこうぼうべんちょう》（一一六二～一二三八）が、師法然上人から聴いたことで「聖教《しょうぎょう》を見るとも、生死《しょうじ》を離るばかりの聖教を見るべしとも覚えず」と続く。すなわち、「学問するといえども、自らの生死の問題を離れてしまうような学問は決してすべきでない。聖なる教え（仏の教え）を見聞するにあたっても、生死の問題を離れてしまうような（態度で）教えを見てはならない」と。

法然上人の厳しい学問観が、ここに語られてい

る。十五歳の時に比叡山で受戒し、四十三歳での浄土宗立教開宗に至るまでの長い期間を仏道修行及び学問に徹底し、一切経を数回読み切った法然その人が到達したのは「自らの生死の問題を離れてしまうような学問は決してすべきでない」ということである。

　学歴社会とか高学歴化などと言われて久しい我が国の社会では、「一体、学問するとはどういうことか？」と問いかける力が極めて弱くなり、単なる知識の集積による〝もの知り〟、〝知識の切り売り〟としての学問が跋扈《ばっこ》している。それは、あたかも「物品を手に入れて持ち歩くような、何処かに忘れてくれば失うような」学びでしかない。

　元来、知識とか教養はどこまでも、それを身につける人の〝生死の問題〟において意味と意義とを発揮するものである。法然上人が自らの求道の現実において実践したように、二十一世紀を生きる私たちもこの言葉に重く学びたいものである。

（藤本浄彦）

殺すこと勿《なか》れ、汝が霊格を

——山崎弁栄（『光明の生活』）

人間とは何か？——人類の歴史の基調は、この問いをめぐりめぐっていると言っても過言ではないであろう。明治時代以後の日本仏教の近代化のなかで、「人間とは何か？」の問いは、西欧の宗教や学問との出会いにおいて多く顕在化した。この問いに対して、古来、仏教は五戒を実践することをもって応答してきたといえる。それを、法然上人のみ教えの〝髄〟へと直参する念仏実践のなかで、切実に訴えたのが山崎弁栄《やまざきべんねい》（一八五九〜一九二〇）である。

「偸《ぬす》むこと勿《なか》れ、努力の光陰を。婬《よう》する勿れ、天魔の使と。酔うこと勿れ、肉と我とに。欺《あざむ》く勿れ、己が良心を」という四つの戒めが、ここに掲げた言葉の後に続く。すなわち、「殺してはいけない、あなたの霊格を。偸んではいけない、努力の光陰を。翻弄されてはいけない、忍び寄る誘いに。酔い耽《ふけ》ってはいけない、肉体を欲しいままにし我を忘れて。欺くことがあってはならない、自分の良心を」。

とりわけ〝霊性〟ということを、人間が孕《はら》む性格として捉えて離さない視点がある。この点に、人間が人間であるという根本的な資質を見て取り、霊性の開花としての〝光明の生活〟の実現を勧めるのである。

ここに語られる事柄は、私たちの日常生活における五つのポイントと言ってもよいであろう。そのポイントからずり落ちることがないように、〝人間として人間らしく〟生きることを、弁栄は教える。特に、昨今に生起する人間の問題への警鐘として受領したいものである。

（藤本浄彦）

ときは今、ところ足元、そのことに、うちこむ命、永久《とわ》のみいのち

――椎尾弁匡（『椎尾弁匡撰集』）

どのような場合でも、人は具体的あまりに具体的な〝時・所〟のなかで自己を表現している。そのようにして生きる〝私〟の事実を凝視することから、開き示される人間の真実を、「時は〝今〟だ、所は〝足元〟だ、今ここで取り組んでいる〝このこと〟に打ち込む〝私の命〟は、縁《えにし》に生かされた〝生きどおしの尊い命〟を生きている」と、椎尾は警句的に発信している。

仏教が近代化の社会においてどのような役割を果たすか？――この課題に正面から取り組み、〝共生〟の精神のもとで仏教を社会実践の原理として主張したのが、椎《しい》尾《お》弁《べん》匡《きょう》（一八七六～一九七一）である。各人が尊くも持ち合わせている個性と役割や特色を互いに発揮しつつ相手と関わり、おのおのの営みがそのまま相手の利益となり補完していくという、調和のなかでもたらされる限りなき発展、すなわち「共生」の原理のエッセンスがこの言葉である。

椎尾弁匡

私たちの迎えた二十一世紀は何を必要としているのだろうか？――人間として個々人が、相互の間柄の広がりを作り上げるにあたって、肝心な要は〝今・此《こ》処《こ》の私〟を何かに〝打ち込む命〟と実感し、それを〝永久のいのち〟として受領するという、「深みへの存在性」へと具現化すること、それが仏教なのだと椎尾は言うのである。

（藤本浄彦）

浄土真宗

不断煩悩得涅槃《ふだんぼんのうとくねはん》

――親鸞（『正信偈』）

親鸞《しんらん》（一一七三〜一二六二）の代表著『教行《きょうぎょう》信証《しんしょう》』全六巻の、行巻末に「正信念仏偈《しょうしんねんぶつげ》」（略して正信偈《しょうしんげ》）が掲げられる。七言一句で百二十句の、漢文の偈《うた》である。今日にいたるまで真宗門徒が、〝おつとめ〟として仏前で読誦《どくじゅ》しつづけている、宗祖親鸞の信仰告白と、先覚（七高僧《しちこうそう》）への恩徳讃嘆をうたったもので、親鸞の信心の風光はこの八百四十文字に尽くされている、といっていいだろう。

冒頭の二句「帰命《きみょう》無量寿如来　南無不可思議光」は、そのタイトル。そして全篇を貫く親鸞独自の仏道の了解が、私にはこの一句「不断煩悩得涅槃（煩悩を断ぜずして涅槃を得るなり）」の中に表わされているかと思える。

親鸞以前の仏教は、私たちの煩悩悪業《ぼんのうあくごう》を滅除して、さとりをひらくことを目指して修行した。若き日、親鸞も煩悩断滅の修行に精進しながら、脱落せずにいない自分をどうする術《すべ》もなく、こんな愚かで悪にまみれた落ちこぼれの凡夫《ぼんぷ》でも、救われる（さとる）道はないかと探《たず》ねて、師法然から他力易行《たりきいぎょう》の念仏の道に導かれた。これ、現代の私自身の直面する課題でないか。その、凡夫直入《ぼんぷじきにゅう》の理《ことわり》が、この一句につづまっている。

煩悩はたとえ断滅できなくても、煩悩を煩悩と、その正体さえ知らされたならば、「幽霊の正体見たり枯れ尾花《おばな》」の道理で、煩悩はもう何の障《さわ》りにも患《わずら》いにもならない、てんから働きを失うのである。心は平明そのものである。

でも、肉体を持つ限り条件次第で煩悩は起こるので、さとりの完成とはいえないが、さとり、救いに等しい分際・分限とはいえる、というのが、この一句の趣意。ここに、私たち修道の落ちこぼれを、例外なしに摂《と》り包む弥陀の願力《がんりき》を、親鸞は仰いだのである。

（亀井鑛）

僧《そう》ニ非《あら》ズ俗《ぞく》ニ非ズ
――親鸞（『教行信証』後序）

親鸞が自らの履歴を語った、稀有な記述として、主著『教行信証』の後序に、承元《じょうげん》の弾圧に際してその法然門下の殉難《じゅんなん》が語られる。そこに一等死を減じられて、僧の身分を剥奪され、流罪《るざい》に遭った師法然と弟子たちが語られ、私もその一人だったと追懐し、「だから、もう僧でもない。さればといって俗人のままでもない。そこで〈禿《とく》〉の字を姓にした」と述べている。

親鸞の道を歩む基本姿勢は、その死までこの姿勢で一貫しているといっていいだろう。ここに在家仏教である浄土真宗の立場が明らかにされる、旗印というべき言葉である。

「僧ニ非ズ」とは、〝敗北の烙印〟ということである。「戒行《かいぎょう》・慧解《えげ》ともになし（『歎異抄』第十五章）」との、エリートからの落ちこぼれの自覚である。僧とは、公に身分を保証された特権階級だろう。そこからの転落。身をかばい、身に飾るべき何一つない、素面素小手の裸の歩みが〝非僧〟である。もともと在家人とはその立場だろう。

しかし、在俗に埋没はできない。そこに〝非俗〟の名乗りがある。それは〝転成《てんじょう》の凱歌〟というべき道である。俗を荷なって俗を超える。俗のまま、甘んじて「これでよし」と受け頂くとき、そこには僧をも俗をも超越した、原人間《げん》の本来のあり様と一つになれる。かつて聖徳太子も、加古《かこ》の教信沙弥《きょうしんしゃみ》もそこに立たれた。

それを非僧非俗と親鸞は讃える。そこから自らの名乗りを「愚禿釈親鸞《ぐとくしゃくしんらん》」とした。愚禿の自覚が非僧、仏弟子の釈こそ非俗だろう。私はさらに非僧のところに絶対否定の南無が、非俗の中に絶対肯定の阿弥陀仏に通じる、南無阿弥陀仏の心が響流《こうる》しているように思える。

（亀井鑛）

親鸞は弟子一人ももたず

——親鸞（『歎異抄』第六章）

仲間どうしの間で、「わが弟子、他人《ひと》の弟子」という論争があったとき、親鸞は、「私には弟子は一人もいません。なぜなら、この私の才覚能力で、念仏できるようにしてあげたというのなら、わが弟子でもあろうが、その人の本来性と、それにかかわり働きかける無限大の条件のもよおしに動かされて、念仏するようになった人を、『わが弟子』呼ばわりするのは極端な暴論暴言です。……」とつづいて、弟子はいないという根拠を、簡明に諭《さと》す。

直接には師と弟子の人間関係、いわば教育論だが、拡大すれば親と子、社長と従業員などの人間関係にまで当てはまりそうである。

「わが子」「子は親の私のもの」という短絡的なつかみ方が常識のようである。が、そういえるのか。「私がお腹《なか》を痛め、私の力で産み育てた子」といっていいのか。そうでない。「ひとえに、弥陀の御もよおしにあずかりて（歎異抄の表現）」、その子本来の生き、育つ可能性と、周りを十重二十重に取り巻き働きかける、無量無数《アミータ》の諸条件のもよおしのままに、成長してきたこの子でないのか。親の私の力など、その中の万分の一、ほとんどゼロに等しい部分でしかないのだろう。

そこにこの私が立たされたとき、はじめて相手と私とが本心から一つに信じあえるんでないか。この言葉は人間関係万般に通じる基本原則だったのである。


（亀井鑛）

石《いし》・瓦《かわら》・礫《つぶて》のごとくなるわれらなり

――親鸞（『唯信鈔文意』）

底辺の大衆と共に生きる、親鸞の人間観を示す言葉として、近年しばしば語られる。

法然門下の法友聖覚《せいかく》法印が著した『唯信鈔《ゆいしんしょう》』に引用された経釈文《きょうしゃくもん》に、親鸞が詳しく注釈を加えて述べたのが『唯信鈔文意《ゆいしんしょうもんい》』。そこの法照禅師『五会法事讃《ごえほうじさん》』中の「但使廻心多念仏《たんしえしんたねんぶつ》、能令瓦《のうりょうが》礫変成金《りゃくへんじょうこん》」を、こう注釈する。


「……廻心とは、自力《じりき》の心をひるがえしすてることで、様々のりっぱな求道者がたも、ピンからキリまでの凡夫も、自分の身分や身上をかさに着たりせず、また自分の体験や判断、知識、好き嫌いをたてにとったりせず、自分のまちがい、欠点をしたり顔して反省してみせたりせず、また、自分を棚に上げて他人の善《よ》し悪《あ》しを批判したりせず、一筋に愚かで無能の凡夫、あさましい下等の者（下類《げるい》）に立ち帰ることで、本願念仏を信ずれば、煩悩を持ったままに歩み続け、最後には窮極のさとりに至る」といい、さらに「猟師《りょうし》・商人《あきびと》、さまざまのものはみな、石・瓦・礫《つぶて》のごとくなるわれらなり」と続ける。

ここで親鸞は「下類のわれら」というが、それは上層階級の人たちと敵対し、排除し、切り捨てる下層階級の自分らという、水と油のように相容れぬ、排他的、対立的階級意識とは違う。そういう対抗意識をのりこえて、素直に下類のわれらを容認するとき、上下の差別を越えた一味平等の本来世界に、共に転じ入れられるのだろう。それを「石・瓦・礫なんどをよく黄金《こがね》になさしめんがごとし」と、親鸞はほめすすめるのである。

（亀井鑛）

地獄は一定《いちじょう》すみかぞかし

――親鸞（『歎異抄』第二章）

その前に「いずれの行《ぎょう》も及びがたき身なれば、地獄は一定《いちじょう》すみかぞかし」とつづく。そこへくるまでの文意は、「ただ念仏だけ、という簡明な教えの裏に、実はもっと別の方法や奥儀などがありはせぬか」という疑いを抱いて、関東から訪ねてきた、この書物の筆者唯円房《ゆいえんぼう》はじめ幾人かの弟子に、親鸞は「この親鸞には、ただ念仏して弥陀にたすけられるという、よき人法然さまの仰せをいただいて、信じる以外何もありません。私は、念仏が極楽へ生まれる因《たね》か、地獄へ落ちるものなのか、まったく知りません。師法然さまにだまされて、念仏して地獄へ落ちたとしても、後悔はありません。なぜなら、自分の力で何か行《ぎょう》をして仏になれるはずのものが、念仏で地獄に落ちたのなら『だまされた』と悔みもしようが」と言葉を進めた後、この「どんな行をしてもできっこない、愚かで無能のこの私だから、もともと最低の地獄こそが、私にふさわしい定位置なのです」と言い切るのである。

鍵になる言葉は「いずれの行も及びがたき身なれば」である。そういう愚かで能のない私。いくら善いことでも、自分の損になることはしようとしない。いくらしてはならない悪事でも、自分につごうがよければついしてしまうこの私。これが私の正味本音《しょうみほんね》なのだから、地獄に落ちて当たり前の私と、成り行きを選り好《え》みせず受けていく。それで一切きりがついていきます、と。いかなる地獄でも恐れず、嫌わず、神妙に、楽々と受けていく。この「地獄一定」の一語は、人間がたすかった世界なのである。地獄一定とは、実に明るい、軽々と歩む、私たちの本来姿勢を言い当てている。

（亀井鑛）

一切の有情《うじょう》はみなもて世世生生《せぜしょうじょう》の父母《ぶも》兄弟なり

——親鸞（『歎異抄』）

『歎異抄』第五条にこう言う。

「一《ひとつ》。親鸞は父母《ぶも》の孝養《きょうよう》のためとて、一返にても念仏まうしたることいまださふらはず。そのゆゑは、一切の有情はみなもて世世生生の父母兄弟なり。いづれもいづれも、この順《じゅん》次生《じしょう》に仏《ぶつ》になりてたすけさふらふべきなり」

人間は生まれ変わり、死に変わりして、互いに父母になり、兄弟になるのであるから、すべての人間が父母であり、兄弟であると思うべきである。だから私は、父母の供養にと思って念仏をとなえたことは一度もない、と親鸞は言っている。

いったい、『歎異抄』そのものが、すべて親鸞の言葉であるのか。初めと終わりだけが親鸞の言葉で、あとは全部唯円《ゆいえん》の言葉だという人もあるくらいで、これをそのまま親鸞の言葉だと受けとるわけには行かないかも知れない。

しかし、吉野秀雄先生のように「歎異抄が親鸞のことばでないというのならそれでもいい、私は歎異抄宗でもいいんだ」と言い切る人もいる。

それくらい『歎異抄』には、断定する魅力がある。

しかし親鸞はほんとうに父母のために念仏は称えなかったのであろうか。この世に生きとし生ける者すべて父母兄弟と信じていたのであろうか。それならどうして、息子の善鸞を義絶したのであろうか。善鸞はわが息子と思えばこそ、彼の非違を特別に赦《ゆる》すことができなかったのではないのか。

（紀野一義）

善人なほもつて往生をとぐ、いはんや悪人をや

——親鸞（『歎異抄』第三条）

暁烏《あけがらす》敏《はや》という真宗のお坊さんが、ある法話会で、「それでも、正直者は馬鹿をみます」という問いかけを受けたときに、すかさず、「正直者、いるなら、前に出ていらっしゃい」と聴衆に向かって問いかけたという。

あるがままの自分自身を知らせるのが、真実のはたらきである。真実に出会っているからこそ出てきた言葉ではないだろうか。しかも、真実に出会った人の言葉は、それを聞く者にも、自分自身を確かに見つめさせるはたらきを持っている。

私たちは根底において自分が見えていないのである。「正直者は馬鹿をみる」と言った時、気づかずに人々の間に線引きをしながら、「あいつらは不正直でいい目に会っているが、私などは損ばかりしている」と、必ず自分が正直の側に入るように線引きをする。

このように、決して自分が外側に出るように線を引こうとしないで「善人」ぶりたがる人々は、如来の真実を求めず、自分を知らない思い上がりの人間だと知らされる。

『歎異抄《たんにしょう》』の「悪人」とは、犯罪者ではなく、自分の姿と、それを教える如来の真実を知らないで迷っている自己中心的な存在を言うのである。阿弥陀如来の本当の願いは、この無自覚で真実を求めようともしない悪人に向けられている。だから、真実を求める気持ちが自分にはあるのだと思い込んでいる善人ですら往生するのであるなら、阿弥陀如来の本願に自分の善人ぶりを気づかされた悪人は、なおさら、往生というイキイキとした人生を歩むのはなおさらのことだ、と言われたのである。

（本多静芳）

親鸞は父母《ぶも》の孝養《きょうよう》のためとて、一返《いっぺん》にても念仏申したること、いまだ候《そうら》はず

――親鸞（『歎異抄』第五条）

親鸞聖人は、如来からの恵みであり、呼びかけである念仏を父母の追善供養《ついぜんくよう》のために利用して、一度も称えたことはないと言われる。原理・原則論に立てば、まことに分かりやすい、当たり前の言葉である。しかし、それで分かったようなつもりになると、この言葉の深い意味を見失い、自分自身をも見失うのではないだろうか。

なぜ、仏教は本来、その教えとは無関係だった死者儀礼と結びついて連想されるようになったのだろうか。人間の死亡率は一〇〇パーセントである。しかも、三人称の死はいつも他人《ひと》ごとである。新聞の死亡欄を見ても三人称の死ならば誰も塞《ふさ》ぎ込む人はいない。

こんな話を聞いたことがある。「昨年の交通事故の死亡者が、一昨年よりも減っていると聞いても、その中に一人でも知り合いがいれば、決して素直に喜べない」と。

そうだ。二人称の死に出会ってはじめて人間は、限りあるいのちに直面する。そして、「人間としていのちを恵まれたことは、滅多にないことなんだ。やがて死んでいく我が身が今日もいのち恵まれたということは有難いことなんだ」という当たり前のことに気づかされると、同じ生死《しょうじ》の問題でも、瞬時に質的変換を遂げて、他人ごとでなく我がこととして主体的に実感されるのである。

　急がなくてもいいような虚飾に満ちたことに奔《ほん》走《そう》し、急いで問わねばならぬ真実なることを後回しにしている私たちが、人生の中で立ち止まり自問自答できる数少ない機会が、二人称の死に出会った時である。仏教は、その機会に仏法を説く事業、すなわち法事などの仏事を勤めて、人間の生き方を示したのである。

　すると、『歎異抄』第五条の言葉は決して人間の感情を否定したものではないとうなずける。このように悲しみや辛さを抱える人間を必ず往生させようという如来の大悲に出会うと、いよいよ如来の救いは間違いなく、しかも、亡き人は私に本当に大切なことを教えて下さる仏になっていたと実感できる。そして、あらゆるものが私の父であり母であったという深い感情が生まれるのであろう。

（本多静芳）

念仏者は無碍《むげ》の一道《いちどう》なり

——親鸞（『歎異抄』第七条）

念仏を申す生活とは、単に音声だけを称えることとは違う。念仏を申すとは、世俗の中で、如来のかん喚《よ》びかけを受けとめた姿である。

　そして、その念仏を申す生活がそのまま、日頃聞かせていただいている阿弥陀如来の本願の真実の心に触れながら生きていくことである。だから、念仏生活とは私たちの生活が真実に触れながら生きるということになる。

親鸞聖人は、天の神も地の神もこうした念仏者を敬うし、人間を誑《たぶら》かせるような悪魔も念仏者の生き方を碍《さまた》げることはなくなる、と言われる。このことを念仏者の神祇不拝《じんぎふはい》ともいう。つまり、念仏者は日々、我欲を追いかける愚かさはなくならないけれど、その自分の姿に気づかされ、しかも、罪や祟《たた》りを畏《おそ》れないので神を拝む必要がないというのである。

親鸞

では神を拝まない念仏者の生き方を何が護ってくれ、しかも碍《さまた》げのない人生にしてくれるのだろうか。

親鸞聖人は『一念多念証文《いちねんたねんしょうもん》』に、「『護《ご》』とは、どんな所や時代、どんな人でも、信心の人をいつでもまもるということである。そのまもるというのは、仏道と異なった見解を持つ者や、念仏について別の理解をする者のいうことに、破られたり惑わされたりしない、またそのような人たちの拝む天魔や悪鬼・悪神に誑《たぶら》かされることも、おびえることもないということである」と言われている。

まず、信心をいただく生活が、国家・時代・性別・貧富・人種・貴賎など一切の世俗的な束縛を超えているということである。

そして真実信心の念仏者を如来が護るとは、日柄や方角・占いや墓相・手相・先祖の霊などをいつも口にする人に論破されたり、惑わされないということである。そして、他の宗教に走っている人の言葉や他人の目が気になったり、神や鬼などを奉じ、呪術をこととし、「利益《りやく》」を呪い出そうとしたり、その祟《たた》りなどに悩まされたりするような弱い人間である私を、右往左往したり動じないように、いつも如来がはたらきかけてくれているということである。

（本多靜芳）

よろこぶべきこころをおさへて、よろこばざるは、煩悩の所為《しょい》なり

——親鸞（『歎異抄』第九条）

『歎異抄』の編者、唯円《ゆいえん》さまは、念仏を称えるようになっても、まるでよろこぶ心が起こらないが、どうしたものであろうという問いを持った。考えてみれば、このような問いが生まれるということ自体が、既に人間の関心を超えた世界に出会った証拠であろう。

ところで親鸞聖人は、この私も同じ心であると答えたうえで、煩悩があるからこそ、阿弥陀如来の本願の喚びかけが響いてくるのだ、ということを第九条で伝えている。

本当は、よろこぶべきことがよろこべないのは、煩悩が休みなくはたらき、目先の都合を追いかけた幸せのみを求めているからであろう。しかし、阿弥陀如来の深い智慧の眼は、そんなことはもう十分に見抜いておられて、そのような煩悩の眼しか持っていない者こそが、間違いなく明るい生きを生きとした浄土に目覚めていく目当てだと、喚びかけられているのだから、本願他力こそが、他な

らぬ私たちのような愚かな人間のためのみ教えだということがよく分かり、いよいよ頼もしく思えるではないか、と言われている。

逆に、すぐ浄土に生まれたいという心もなく、身体の具合が悪くなると、死ぬのではないかと心細く思うのも、煩悩のせいであるという。遥か昔から迷い続けてきたこの世には、未練がましくいつまでもしがみついていたいし、体験したこともない安らかな世界だという浄土を、ちっとも恋しく思わないのも、本当に煩悩の眼が目先のことだけを追いかけているからだろう。

親鸞聖人の後を慕った方々は、その教義に魅力を感じるという以前に、その人格、生き方に触れていかれたことだと思う。

浄土真宗は、こうでなければならない、などと相手を裁いたのが親鸞聖人ではなく、真実を仰ぎながらわが身の愚かさを私たちに示して下さった方であったのだろう。

（本多靜芳）

わがこころのよくてころさぬにはあらず

——親鸞（『歎異抄』第十三条）

大岡昇平氏の小説、『俘虜記《ふりょき》』の扉には、この言葉が掲げられている。

私たちの行為はどのように成り立つのであろうか。考えれば本当に不可思議である。今、この文を読まれるようになったのは、無量無数の因縁の然《しか》らしむるところである。

しかし私たちは、良いことをしても多くのご恩・縁起でさせていただいたということを忘れ、思い上がってしまうものである。私たちは、恩恵《おんけい》を自ら思い出せるほど勝《すぐ》れた人間ではないようである。

逆に、悪いことをしたときにも、周りを責め、自分以外の日の善し悪し、方角などに責任を押しつけるような愚かな人間である。

　自分のしたことを仕様がなかったと言って居直り放棄するのでもなく、また自虐《じぎゃく》的になって卑屈になるのでもなく、謙虚に自分の行為が、ご縁のままに念仏生活をさせていただいているということがうなずけると、日常とは異なった深く、自己反省を伴うモノの見方が転回する。

　たまたま、私はいのちあるものをわが手にかけて殺さずに生きてきた。しかし、私の心が良くて殺さないのではないだろう。釈尊は、自分で殺すのと、殺させるのではどちらが罪が重いかと問われる。人に殺させる方が、自覚が生まれないだけ反省がないので、罪は重いと説かれる。

　私は正しいのだと善人ぶっていた姿が、本願の念仏に出遇う時、人ばかり責めていた指が自ずと自分に向けられる。これが、本願念仏の用《はたら》きである。

　気づかずに人を責める愚かで罪作りな私に気づかされる生き方が、念仏申す人生である。

（本多静芳）

一文不知《いちもんふち》の尼入道《あまにゅうどう》なりとも後世《ごせ》を知るを智者《ちしゃ》とす

——蓮如（『御文』）

　浄土真宗中興の祖といわれる本願寺八世法主蓮《れん》如《にょ》（一四一五〜一四九九）が、八十余年の生涯筆をとりつづけた真宗門徒向けの手紙『御文《おふみ》（御文《ごぶん》章《しょう》）』の、編集公刊された五帖八十通中、五帖目第二通の中の言葉。くわしくは「それ、八万の法蔵を知るというとも、後世を知らざるを愚者とす。たとい一文不知の尼入道なりというとも、後世《ごせ》を知るを智者とすといえり。……」と出る。

仏教が普及して学習者が増えはするものの、学問知識として学び、経文や講釈ばかり万巻の書を読破しても、〝後世〟を知らなければ愚者。反対に、学問知識教養を身につける力もゆとりもない者でも、〝後世〟一つを知るなら、それこそ智者であるといわれる。

蓮如

じゃ、この「後世」とはどういうことか。死んでからのあの世だけのことではない。あの世からこの世まで、さらに前世までもずっと一つにつながる世界のこと。無量寿ということでもある。文字に即していうなら〝背後の世界〟のこと。私をして私たらしめている、私の背後の無限大の背景・条件によって、この私は成り立っている。その私を成り立たしめる働きを、〝後世〟とか〝後生《ごしょう》（背後の生命）〟というのである。

人間が生きる根幹は、このこと一つを知るか知らぬかにかかる。後世のことを他力といってもいい。後世を知らないか、知ろうとしないか、また見失わせているものが、私の表層意識を蔽《おお》う自分本位、自我中心のとらわれ、自力執心《じりきしゅうしん》である。その自力執心を、自力執心だったと、本願の教えに照らされて知ったとき、後世のさ中に私は居らしめられている。つまり、後世を知るとは、自力執心に蔽われた迷蒙の自分を知ることでもある。

（亀井鑛）

雑行《ぞうぎょう》すてて弥陀《みだ》たのめ

――蓮如（『御文』）

本願寺八代法主蓮如の『御文（章）』は、四十六歳頃から死の前年八十四歳まで書きつづけられ、現存するもの二百数十通といわれる。うち、重要な手紙を選び公刊されたものが『帖内《じょうない》の御文（章）』といわれ、真宗門徒の家々のお内仏に、五冊の本で納まっている。そこに収まる全書簡が、あげてこのこと一つ、「雑行《ぞうぎょう》すてて弥陀たのめ」をすすめているのである。

雑行とは何か。七高僧の一人中国の善導大師が、「私たち人間のすることはどんな善行にも、自分を主にした打算ずくの、不純な毒が雑《まじ》っている。だからにせ・いつわりの行としかいえない」と、〝雑毒之善《ぞうどくのぜん》・虚仮之行《こけのぎょう》〟と告白される。それを略して最初と最後をとったのが〝雑行〟の字だと、私は味わっている。念仏の中にまでその不純な毒性が混じるのが私たち。それを〝雑修《ざっしゅ》〟という。全部自力、自己中心の心である。だから蓮如は時に「雑行雑修自力の心をふりすてて……」ともいわれる。

「雑行すてて弥陀たのめ」とは、二つのアクションみたいだが、雑行をすてるのと弥陀をたのむのは、一つの裏と表なのである。しかも雑行自力は終生なくならない。生命のある限り湧いてくる。でも、雑行を雑行だったと知らされれば、それはもう働きをなさない。あれども無きが如し。すてたに等しい。それで、すてるといわれるのである。そのことが即ち弥陀をたのんだこと。インド語の南無《ナム》である。蓮如は全生涯をただ、このこと一つ呼びかけつづけられたのである。「南無（信心）」さえすれば、「阿弥陀仏（救済）」は、ついてまわるのだと、体験的にすすめられるのである。

（亀井鑛）

朝《あした》には紅顔《こうがん》ありて夕《ゆうべ》には白骨《はっこつ》となれる身《み》なり

——蓮如（『御文章』）

蓮如上人の『御文章』五帖目第十六通、白骨の御文章として知られる名文である。

「夫《そ》れ、人間の浮生《ふしょう》なる相をつらく観ずるに、凡《おおよ》そはかなきものはこの世の始《し》中《ちゅう》終《じゅう》、幻の如くなる一期《いちご》なり。されば未だ万《まん》歳《ざい》の人身《にんじん》を受けたりといふ事を聞かず、一生過ぎ易し。今に至りて誰か百年の形体《ぎょうたい》を保つべきや。我や先、人や先、今日とも知らず明日とも知らず、おくれ先だつ人は本の雫《しずく》・末の露よりも繁《しげ》しといへり。されば、朝《あした》には紅顔ありて夕には白骨となれる身なり。既に無常の嵐来《あらしきた》りぬれば則《すなわ》ち二つの眼《まなこ》たちまちに閉ぢ、一つの息ながく絶えぬれば、紅顔むなしく変じて桃李《とうり》の装《よそおい》を失ひぬるときは、六親眷属《けんぞく》集りて歎き悲めども、更にその甲斐あるべからず……」

なんという名文かといつも思う。蓮如自身も時々御文章を弟子に読ませ、「わがしでかしたるものなれども殊勝なり」と言ったというから、自分でもその名文に酔うていたのであろう。

名文も過ぎるといや味なものだが、蓮如の名文にはいや味がない。うそは言わないからであろう。

（紀野一義）

偽《にせ》になったらもうええだ、中々《なかなか》偽になれんでのう

——因幡の源左

妙好人因幡《みょうこうにんいなば》（鳥取県東部）の源左《げんざ》（一八四二～一九二九）が残した有名な言葉の中で、最も浄土真宗の面目があらわれた言葉である。

宗教の道はともすれば、ホンマモノになる道であるように、私たちは思いがちである。深い人生の智慧をたたえた人、いつも柔和で明るい、笑顔の絶えない人、多くの周りの人に慕われ、尊敬されて、よき感化を与える人……。そういう人になりたい、ならねばならない、励めばなれるはず。そういう人に出遇いたい、出遇ってあやかりたい、これが道を求める私たちの通常意識といえそうである。ホンマモノ憧憬、ホンマモノ指向。ところが念仏者源左は、こう言うのである。

源左の法友が「寺へ参っとる間は喜べるけんど、家へ帰れば忘れとる。わしは偽同行《にせどうぎょう》だいなあ」と嘆くのに、源左はこの言葉で答えたという。

「寺へ参っていれば喜べるが、家へ帰ったら忘れる」のは、私たちも同じである。そこで「こんなことではいかん。家へ帰っても喜べなくちゃホンマモノといえない」というのがホンマモノ指向。ホンマモノになれるつもり、今はだめでもいつかはなれる、その気になればなれるつもり。これを自力という。

他力の信心は、なれないまんま、ニセモノのまんま。「そのまま、ニセモノのまんま」と如来は招かれる。そこで私からは「恥ずかしながら、相済みませんが、これだけしか持ち合わせぬ私です」と目を伏せ頭が下がる。この方がずっと楽な居場所なんだろうけれど、すぐふっと「こんなこ

とではいかんのでは……」と、自力が首をもたげる。ホンマモノになろうと骨折るより、ニセモノに安んじる骨折りこそ大事だろう。（亀井鑛）

天命に安《やす》んじて人事《じんじ》を尽《つ》くす

――清沢満之

明治の念仏の大先覚者で、真宗大学（現大谷大学）初代学長でもあった清沢満之《きよざわまんし》（一八六三〜一九〇三）の言葉。むろん、古語の「人事を尽くして天命を待つ」を言い換えたものである。仏法の立場からは、こう言い換えた方がぴったりかなうといい、なぜなら「天命に安んじることはもとより、人事を尽くすことと一切が、みな天からの恩賜によるのだから、天命に安んじないでいて、人事を尽くすことはできないわけである」というのである。

清沢満之

天命に安んじてというと、いかにも明治調だが、もっと古く中、近世風にいえば「弥陀をたのむ（蓮如）」ということと同義だろう。

天命に安んじる限り、これまでにこうなってきた過去のことは、「そうなるべくしてそうならずにいなかった、天からの賜《たま》わりもの」と、こだわりなく受けとめ（あきらめ主義）、今こうしてここにある現在は「これでよし、ちょうどよし、自分の分相応」と素直に容認し（安住主義）、この先どうするかの未来については「結果は問わず、やれるだけやらせてもらう」（奮励主義）に立つのが、本来の私のあり方なのだと提唱している。

過去現在未来を通して、一切を天命と安んじるあり方。それが他力回向《たりきえこう》の信心だと、仏教用語に依らずに明治の知識人や若者に仏法を呼びかけた。その語調はいかめしいみたいだが、現代の私たちと共通の業《ごう》を共有するので、案外わかりやすいのが清沢満之である。その門下から暁烏敏《あけがらすはや》、曽我量深、金子大栄など近代真宗教学の指導者たちが輩出した。

（亀井鑛）

信《しん》に死して願《がん》に生きる

—曽我量深

昭和三十年代、大谷大学々長をつとめた曽我《そが》量深《りょうじん》（一八七五〜一九七一）は、生前よくこの自督の言葉を、色紙などに揮毫《きごう》された。あちこちでその墨跡を見ることが多く、「……願に生きん」の決意形や、「……生きよ」の命令形も書かれたようである。

曽我量深

「信に死して」とは、他力の信心を頂くときは、自力《じりき》妄執のわれが一度死ぬのである。その即時、本願他力《たりき》のわれが生まれ、生きるのである。信の一念の内景である。善導大師がそれを「前念命終《ぜんねんみょうじゅう》・後念即《ごねんそく》生《しょう》」とおっしゃったのに通じる。如来の本願に導かれて、これまでの前なる妄念を妄念と知らされれば、そこに妄念の命《いのち》は終わり、即刻、後なる正《しょう》念《ねん》——自我の固執を離れ、他力にすべてを打ち任す生き方に転じられているのである。禅語にも「大死一番絶後《ぜつご》に蘇《よみがえ》る」という言葉があるのに通じようか。

大阪の念仏詩人、榎本栄一さんの「壁」という詩がある。

　おのが愚を知るにつれて／ながねんの／私
　をふさぐ壁が／いつしか／さわりにならず

「おのが愚を知る」とは、賢《さかし》らな自分が教えに照らされ、愚にかえることで信に死して、前念命終する。と、「ながねんの壁が障りにならず」に、そのままにお任せ、後念即生、願に生きる世界に出る。もうひとつ言えば、信に死してが「南無」、願に生きるが「阿弥陀仏」と、私には響いてくるのである。

（亀井鑛）

正義は負けろ　――金子大栄

金子《かねこ》大栄《だいえい》（一八八一～一九七六）はお東系の真宗学者だが、日本仏教各宗派を超えた広い讃仰者をもった方だった。その折々の一つ言葉に、掲出の句や「我《われ》正しと思わば負けよ。さすれば平和あり」と語られたそうである。

　ひと頃「正義は必ず勝つ」という、裁判事件を材にした連続テレビドラマがあった。「正しい事を正しいと主張するのに何の遠慮がいるものか」というのが、私たちの社会通念・世間常識。でも今の世の中、正しいことを正しいと主張する所に、どのくらい揉《も》めて、争い、憎み合い、はては殺し合うことか。

　高山市のIさんは夫婦して作った野菜をリヤカーで行商《ぎょうしょう》している。客の中には強欲《ごうよく》な人がいて、値切った後で他の品まで付けろという。手塩にかけたわが子のような品を、こんな人に、と、ムッとするけど、一呼吸して「いいわ。まけとくわ」と負ける。景品、サービスを昔から〝お負け〟という。

金子大栄

「この前の南瓜《カボチャ》、まずかったよ」と言う客に「悪かったわね。今日は一個つけとくわ」と余分をつけると、次の時「おいしかった」と、劇場の切符なんかくれたりするそうである。

何度声を掛けても「間に合ってる」と買わない家。「こんな家、もう来《こ》んとこう」と、戸をたたきつけたい思いに駆られるが、心を殺して「じゃ、またね」と穏やかに引き下がると、次に道端でバッタリ出会ったとき、「ちょうどいい。もらっとくわ」と、思わぬ所で買ってもらえる。「この前ピシャッと戸をしめて、縁《えん》が切れていたら、今日の商売はなかった」と、心で「よかった」と思う、と。

蓮如も「負けて信とれ」と言われている。「正義は負けろ」に通じる。商売の世界では、「この言葉、真だなあ」と思わされること、再々なのである。

（亀井鑛）

時宗

地獄をおそるる心をもすて、極楽を願ふ心をもすて、又諸宗の悟《さとり》をもすて

——一遍（『一遍上人語録　巻上』）

これは、ある僧徒に念仏の安心《あんじん》を尋ねられた一《いっ》遍《ぺん》（一二三九〜一二八九）がしたためた返書による。

普通に考えれば、「地獄がおそろしいから」「極楽に往生したいから」念仏するのであるから、当時の常識からしても明らかに異端である。一遍は、この手紙の前段で智慧も愚痴も、善悪の境界も、身分や社会の道理、一切合切を捨てて称《とな》えるのが本物の念仏だと説いている。その上で、極楽に往生したいという気持ちさえ捨てよ、というのだ。

逆転の発想といえば、これほど逆転の発想もない。往生を求めるがゆえの念仏であるはずなのに、その「極楽を願ふ心」が妨《さまた》げになるというのだから。

さらに一遍は説く。「善悪の境界皆浄土なり。外に求《もとむ》べからず、厭《いとう》べからず」（大意＝そうやって念仏を称えれば、善も悪もない。全てが浄土なのだ。この世のほかに浄土を求めるべからず。そして、この世を嫌うべからず）

求める気持ちが強いほど、その対象は手に入らず、捨ててこそ得られる……。中世の人々の「浄土」は、現代人にとって何なのだろうか。

（朝野倫徳）

自力他力《じりきたりき》は初門《しょもん》の事なり。自他の位を打《うち》捨《す》て、唯一念《ただいちねん》、仏《ほとけ》になるを他力とはいふなり

——一遍（『一遍上人語録　巻下』）

この言葉の前段では、世の中の人が自力他力をはっきりと区別して、自分には力がないから、他力にもたれかかって往生しようと考えているのは正しくない、ということが述べられている。そして、自力他力はあくまでも最初の入門の違いだけで、しっかりしているから自力、力がないから他力、などという判断は意味がなく、自他を区別する次元を打ち捨てることが肝要なのだという。

ただ一念、名号を称え、仏にすがるのではなく、仏そのものになりきって初めて「他力」なのである。日頃から、自我を捨てよ、小賢《こざか》しい分別《ふんべつ》を捨てよ、と説いていた一遍には自力他力の境界線など、もとより存在していない。

一遍

現代日本語で「他力本願」といえば、安直な意味合いで使用されることがほとんどだが、本来はこのように、一切の夾雑《きょうざつ》物を捨て去り、自らが仏と一体化した境地こそ他力なのである。「唯一念、仏になるを他力とはいふなり」。実に良い響きではないか。

（朝野倫徳）

一代の聖教《しょうぎょう》皆尽《つ》きて、南無阿弥陀仏になりはてぬ

——一遍（『一遍上人語録　巻下』）

いよいよ死が迫ったのを悟った一遍は、阿弥陀経を読誦《どくじゅ》しながら、それまで大切に所持していた書籍や、自身の思想を書き記したものを全て焼き捨ててしまった。そして、それを見守っていた

であろう弟子たちに短く言う。「釈尊が生涯かけて説いた尊い教えは、突き詰めると『南無阿弥陀仏』、ただそれだけなのだよ」

そして弟子たちによる葬礼を禁じ、自らの遺体は「野に捨て獣にほどこすべし」と遺言して、「捨聖《すてひじり》」としての生涯を全うした。

あまりにも見事に完結した最期というほかはなく、甘ったれた感傷をさしはさむ余地など、どこにもない。

一遍は、つねに言う。「捨ててこそ」と。このモノ余りの時代、それでも「あれが欲しい」「これも欲しい」「いや、まだ足りない」と足掻《あが》き、名誉や富にしがみついている我々現代人とは、まるで方向が違う思想である。しかし、誰も真似できない、師の破天荒な思想とそれを見事なまでに実践してのけた生涯に思いを馳せると、胸の奥底を掴まれて、ぐいとたぐり寄せられるような気がするのは何故だろう。

捨ててこそ。

案外、この言葉こそが、煮詰まって出口が見つからずに迷走を続ける現代を切り拓《ひら》くキーワードかも知れない。

（朝野倫徳）

生《しょう》ぜしもひとりなり。死するも独《ひと》りなり

――一遍（『門人伝説』）

一遍上人の『門人伝説』にいう。

「生きながら死して静《しず》かに来迎を待つべし、と云云《うんぬん》。万事にいろはず、一切を捨離して孤独独一なるを死するとはいふなり。生ぜしもひとりなり。死するも独りなり。されば人と共に住するも独りなり。そひはつべき人なき故なり。またわがなくして念仏申すが死する

にてあるなり。わが計《はから》ひをもて往生を擬《なぞら》ふは、惣《そう》じてあたらぬ事なり」

なんとも愛想のない、淡々とした、そしてすさまじいお念仏の世界であることよ。

人間はひとりで生まれて来るのだし、死ぬ時もひとりで誰もいっしょに死んでくれる者などない。だから、人と共に住していても独りなのだという。

それにしても一遍はすさまじいことを言う。

一遍は大ぜいの男女を連れて諸国を旅して歩いたが、朝旅立つ時に死骸になっている者が一人か二人いても、一遍はさっさと行ってしまったという。みんな、それを覚悟でついて行くのであるから、誰もなんとも思わぬのであろう。これは退却する敗軍の兵に似ているが、一遍は敗軍ではない。勝軍でもない。只々行くのである。行くしかないから行くのである。死に至るまで歩きつづけるのである。すさまじい男であった。

（紀野一義）

夫《それ》三界は衆苦の住処《じゅうしょ》、身はすなはち苦のあるじなり。財宝は煩悩の所依《しょえ》、心又欲のみなもとなり

——他阿真教（『他阿上人法語』）

時宗二祖他阿真教《たあしんきょう》（一二三七〜一三一九）が、江州の小蔵の律師の質問に答えた書簡の冒頭にみえる文章。この世は苦にみちみちており、そこに住む人々の身心も苦悩の根源であると言っている。

この世を穢土《えど》とし、理想の世界を浄土として、この二者を対置させつつ、穢土をいとい、浄土を願う意欲を喚起する、これが浄土信仰を鼓吹する基本型である。『往生要集』が第一章に「厭離穢《おんりえ》土《ど》」を置き、第二章に「欣求浄《ごんぐじょう》土《ど》」を置いたのも同様の意図による。

時宗は穢土を厭う一種の反撥力を信仰のエネルギーとすることにおいて最も過激な宗派である。彼らは旅から旅に遊行して、徹底的に自身を無常の現実にさらすという方法を実践し、強い信仰を形成していった。掲出の文も、世の中と人間存在とをいきなり苦なりときめつける。この世が苦土なればこそ、人間は楽土を求めずにはいられなくなるのである。

（山田昭全）

臨済宗

大いなるかな心《しん》や、天の高きは極《きわ》むべからず、しかるに心は天の上に出づ

—栄西（『興禅護国論』）

日本へはじめて臨済禅を伝えたのは栄西《えいさい》（ようさい、とも。一一四一～一二一五）である。栄西が再度中国にわたり、臨済禅を日本にもたらしたとき、当時の仏教界から烈しい批難と迫害とを受ける。それに応えて著したのが『興禅護国論《こうぜんごこくろん》』で、禅の思想で鎮護国家に当たるゆえんを記す。

この書の冒頭の一節が頭記の一文である。禅思想でいう心は、梵語のチッタ（精神）やフリダヤ（中心）ではなく、人間の本心本性の仏心《ぶっしん》（仏性・ほとけのいのち）を指す。この仏心は、いつ・どこでも・だれにも具《そな》えられている普遍の事実であり、それを「大いなる心や」と栄西は賛《たた》える。

栄西

栄西はついで「地の厚きは測《はか》るべからず、しかるに心《しん》は地《ち》の下に出づ」と対《つい》句《く》でたたみかける。釈尊の誕生像の両手が天地を指すのは、仏心の普遍性と超越性とを表象する。

（松原泰道）

衆生本来仏《しゅじょうほんらいほとけ》なり

—白隠（『坐禅和讃』）

白隠《はくいん》（一六八五～一七六八）は世語と共に和讃も数多く作っているが『坐禅和讃《ざぜんわさん》』もその一つである。坐禅和讃といっても、坐禅をたたえるのではなく、内容は禅の概説である。標題はこの和讃の言頭の一句である。

「衆生」には多くの意味があるが、ここでは衆生の狭義の〈迷える人間〉をいっている。「仏なり」は、（衆生は）みな仏性（ほとけのいのち・ほとけのこころ）を生まれながらに具《そな》えていて、やがては仏になれる存在である、という大乗仏教の説く悉有仏性《しつうぶっしょう》（すべての衆生に仏となる本性がある）思想で『涅槃経《ねはんぎょう》』（獅子吼《ししく》菩薩品）に説く所である。それを白隠は「衆生本来仏なり」という、短い言葉で言い表わす。

白隠

迷える人間（凡夫）と仏とは決して次元を異にしない事実を、白隠はこの和讃で「水と氷の如くにて　水を離れて氷なく　衆生の外《ほか》に仏なし」と平易な表現で解説する。

たしかに水と氷とは異質ではない。ただ水は液体で、氷は固体であるという状態が違うだけである。水が凍ると氷になり、氷が溶けると水になる関係にあるように、凡夫と仏とは本質は同じだが、状態が異なるに過ぎないから、「衆生の外に仏なし」衆生を除外して仏はないと言い切るのである。

今世紀のすぐれた仏教学者・高楠《たかくす》順《じゅん》次郎《じろう》博士（一九四五年没）に「仏とはさとれる人間、人間とは迷える仏」という名言がある。

白隠の逸話を読んでいると、世俗的なことを話していても、みな仏法の体系に調和していく。そこに「水（仏法）を離れた氷（社会生活）なし」の信心と生活の一体を、白隠は教え進めるのである。

（松原泰道）

ただすべからく、十二時中、無理会《むりえ》のところに向かって究《きわ》め来たり究め去るべし。光陰矢の如し。謹んで雑用心《ぞうようじん》することなかれ

——宗峰妙超

「修行はただ朝から晩まで、日常一切の行為に、ひたすら知的理解の入らぬところを究めてゆくばかり。時の過ぎ去ること矢の如ければ、一寸も心を油断させてはならない」

京都の大徳寺開山、大燈《だいとう》国師・宗峰妙超《しゅうほうみょうちょう》（一二八二～一三三七）の遺誡《ゆいかい》である。

国師が死に臨んで残した言葉は、千古に響いて、今も私たちの胸を叩く。

「生きる意味を心底明らかにし、生死《しょうじ》の迷い苦しみを免れたいと願うなら、着物や食物のことを思っているようではダメだ。肩があれば何でも引っかけておれようし、口があれば食わぬということはないのだから。それよりも、月日の過ぎ去ることの速きを一番に心配して修行せよ」

と国師は言った。

南浦《なんぽ》紹明《じょうみょう》禅師から印可《いんか》を受けた後、宗峰は京都の五条大橋のほとりで乞食になったと言われる。坐禅修行で得た境地を、今度は捨てるための修行だった。僧として尊敬されることもなく、名前も知られることのない最も卑しい場所で、少しも動じない悟性《ごしょう》の確かさを試みたのだった。

人は一瞬の念を欲に変えて、結局己れで己れを縛ってゆく。実は、損得の分別を離れたときだけ、私たちは真実になってゆくのだ。そのことを刹那刹那に確認し続けてゆくことが修行だった。

道に迷ったときほど、国師の言葉が灯《あか》りになることはないだろう。

（形山睡峰）

柏樹子《はくじゅし》の話に賊機《ぞっき》あり

——関山慧玄

江戸時代の始め、隠元《いんげん》禅師が中国から渡って来て、京都の妙心寺を訪ねたとき、

「ご開山の語録を拝見したい」

と申し入れたところ、妙心寺には開山の書かれたものは何もないが、

「ただ一語、柏樹子の話に賊機あり、という語が残されています」

と聞かされた。隠元は大いに驚いて、

「この一語、諸山の語録に勝ること百千万倍」

と言った。これは、唐の時代に、趙州《じょうしゅう》禅師が一僧から、

「達磨大師がインドから来られて、伝えようとされたことの真意は何ですか」

と聞かれて、

「庭前《ていぜん》の柏《かしわ》の樹じゃ」

と答えられた話に拠る。それに対して関山は、

「この話には、大泥棒が何もかも根こそぎ奪い取ってしまうようなすごい働きがある」

とコメントしたのだ。

人間の常識を通して語られることには、嘘が多い。明日の生死すら知り得ぬ者が、どれほど確かなことを言えようか。少しでも真実でありたいと願うなら、一切の計らいを捨て、虚心で世界（例えば柏樹）に対してゆく他はない。

「庭前の柏樹子」と答えた語気に、余分な迷いを断固奪い去って、心底人を真実にしたいと願う切なる働きを見た。

関山慧玄《かんざんえげん》（一二七七〜一三六〇）は、伊深の山

中で農家の下働きをしていたが、後に花園天皇に見いだされ、妙心寺を開いた。（形山睡峰）

一大事とは今日只今《こんにちただいま》の心なり
――正受老人

ある人の話に、

「自分は『一日暮らし』ということを工夫するようになってから、精神がすこやかになって、それが養生の要《かなめ》だと言う。どういうことかと聞けば、一日は千年万年の初めだから、一日だけ暮らせるほどの務めを果たせば、その日が過ぎるのだ。

それを、翌日はどうしてこうしてと、まだ来ぬ先のことまで思案して苦しんでいる。すると翌日のことに呑まれて、今日のことまで疎《おろそ》かになるものだ。

明日のことは、命のことも覚束《おぼつか》ないとはいえ、今日の暮らしを粗末にしてよいものではない。この一日を暮らすだけの務めを励むことだ。どんなに苦しくとも、一日と思えば堪えやすい。楽しいことも一日と思えば、溺れることがない。一日一日と思っていれば退屈することもない。一日一日と思えば、百年千年も努めやすい。一生と思うから大層になる。一生は長いと思うが、明日のことも二年三年また百年先のことなど、だれも判る人はいない。死んだら終わると思えば、一生は果たしやすいものだ」と。

一大事というのは、今日只今の心だ。今の心を疎かにして明日の充実はない。すべて人は、先のことを計っても、当面の今を失っていることには気づかない。

これは、信州飯山の正受《しょうじゅ》庵に住した、正受老人・道鏡《どうきょう》慧端《えたん》（一六四二～一七二一）の語であ

る。（形山睡峰）

経《きょう》陀羅尼《だらに》といふは文字にあらず。一切《いっさい》衆生《しゅじょう》の本心《ほんしん》なり

——円爾辨円（『坐禅論』）

円爾辨円《えんにべんねん》（聖一国師《しょういちこくし》、一二〇二〜一二八〇）の言。陀羅尼は梵文の呪文を訳さずに原文のまま読む聖句。一字一句に無限の功徳があるとする。

しかし円爾は「お経や陀羅尼の文字の字面《じづら》だけを読んでも無意味だ。人間を含めてすべて生命あるものの本心本性をさとる人が、真実の読経者だ」という。

本心本性とは、すべてのものをそのものたらしめる根源的ないのちで、仏性とも仏のいのちともいう。経陀羅尼の文字は、月をさす指に似る、指は月でない、文字の指向する先きに真理がある。指を超えよ、文字を超え、それらが示唆する仏性にめざめよ——と教える。

円爾は「文字言句《もじごんく》は、これ絵にかける餅《もち》のごとし」と言い切る。「〝餅々《もちもち》〟と一生口に唱ふるとも、飢はやむべからず」と。（松原泰道）

山河大地《さんがだいじ》、草木樹林《そうもくじゅりん》、目に触れ耳に聴くもの公案《こうあん》ならずということなし

——南浦紹明（『大応仮名法語《かなほうご》』）

南浦紹明《なんぽじょうみょう》（大応国師《だいおうこくし》、一二三五〜一三〇八）は、はじめ太宰府の崇福寺《そうふくじ》にて臨済禅興隆の基を開いた。「公案」は禅の命題ともいうべきもので、参禅の手がかりとなるもの。したがって、公案は時には合理性を超えた非合理の内容を持つ。それは相対的な認識を打破して、絶対的な理念に導くためである。

山河大地、草木樹林、私たちの周囲にあるものみな参禅の公案でないものは一つもないとは、自然のたたずまいがそのままに真理を説いている事実にめざめよ、というのである。公案は大乗仏教思想の諸法実相の禅的体験と言ってもいい。

江戸時代後期の農政家、二宮尊徳《にのみやそんとく》翁も「声もなく香《か》もなくつねに天地《あめつち》は書かざる経をくり返しつつ」と自然の公案を解いている。

（松原泰道）

仏と衆生とは、水と氷との如し

——抜隊得勝（『塩山仮名法語』）

抜隊得勝《ばっすいとくしょう》（一三二七〜一三八七）は甲斐（山梨県）向嶽寺《こうがくじ》の開山である。生まれつき俊敏でいつも多勢の人の中で頭角を表わしていたので、〝抜隊〟と呼ばれたという。抜隊は、衆生との関係を氷と水に例えて、

「氷にてあるときは石瓦の如くにて自在ならず。（氷）解《と》くれば本の水にて、縁に随い滞ることなし。迷うときは氷の如し。さとれば本の妙体なり。氷の中に水とならざる氷なし。是《ここ》をもって知るべし、一切衆生と仏と隔てなきことを」

と、一読してよく理解されよう。水も氷も本質はH_2Oに変わりはない。しかしH_2Oが固体となると、洗たくもできない。しかし固体の氷が溶けたら方円の器にもしたがえるのだ。

（松原泰道）

友愛《ゆうあい》の至味《しいみ》、甘きこと蜜の如し

——今北洪川

釈洪川《しゃくこうせん》（一八一六〜一八九二）は、はじめ広瀬《ひろせ》淡窓《たんそう》（江戸初期の儒者）について深く漢学を修め、後に臨済禅に転じた明治中期の臨済禅の高僧。鎌

倉円覚寺の管長となる。法嗣に釈宗演《そうえん》がある。

洪川が若い頃からの親友に金閣寺の貫宗《かんじゅう》長老がある。ある年、洪川は京都へ旅行の帰りに松たけを買おうとするが、洪川は雲水にとっては高価すぎて手が出せず、空しく鎌倉に帰った。

貫宗長老はそれを聞いて松たけを円覚寺へ発送したが、延着のため松たけの大半は腐っていて口にできない。洪川はその日の講座で、修行者の前に貫宗長老からの荷札を示して
「古語に『食えどもその味わいを知らず』と、吾はいわん、食《くら》わざれども深くその味わいを知る。これ何の味ぞ、友愛の至味、甘きこと蜜の如し」

と。

何という美しくて楽しい友情であろう。


（松原泰道）

ものは生かして使え

――橋本峩山（『峩山側面集』）

橋本峩山《はしもとがさん》（～一九〇〇）は、京都嵯峨の天竜寺を再建し同寺の管長にもなった明治末期の高僧である。峩山の修行友達に、山岡鉄舟がいる。ある日、峩山は修行者に示して言う。
「殺生殺生とやかましくいうが、殺生にもいろいろある。時間や金銭をむだに使うのは時間や金銭を殺す。それだけの力もなくて大臣の位におるのは政治を殺す。会得《えとく》もせずにさとり顔する坊主は仏法を殺す」
侍者が手水鉢《ちょうずばち》の水を替えているのを見て
「物は大は大、小は小、それぞれ活《い》かして使え、水を替えるときは、古い水は周辺《あたり》の庭木にかけてやるのさ、それで草木もよろこぶ、

古い水も活きたというものだ。洗面の水もすぐに捨てずに竹椽《ちくでん》へ流して洗うのだ。水一滴も死にはせん。みな活きて働く。ものを活かせば、お前も活きかえるぞ」

（松原泰道）

心の奥に亡き人もあり

―天田愚庵

明治元年に会津若松で政府側と旧徳川幕府側とが戦った。戊辰《ぼしん》戦争という内戦の一つである。この戦いに天田《あまだ》五郎という十四歳の少年が兄とともに出陣するが、戦い終わって帰郷してみると両親も妹もいない。

五郎は三人の行方《ゆくえ》を探すがめぐりあえない。その後彼は上京して学ぶが、父母や妹が忘れられず旅に出る。たまたま行きついた京都嵯峨の天竜寺で出会った山岡鉄舟から「亡き人を探すよりも、亡き人の願いが何であるかとわが胸に問え、それがわかったら本当の両親や妹に会えるのだ」とさとされ、出家をして禅僧となり鉄眼と称した。清水《きよみず》のほとりに庵を結び「愚庵《ぐあん》」とも号した。一九〇四年没す。

愚庵は出家後、独学で歌を学んだ。

経もあり仏もあれば我もあり、心の奥に亡き人もあり

（松原泰道）

客に接するは独り処《ひとりお》るが如く

―釈宗演

釈宗演《しゃくそうえん》（一八五九～一九一九）の「座右の銘」の一つである。三十四歳で鎌倉円覚寺の管長となり、ついで建長寺の管長にも推された。三十歳代の若さで、一宗一派の最高峰に立った例はほとんどない。

上記の語句は「独り処《お》るは客に接するが如し」

とつづく。客に接することの多かった師に、なおこの座右の銘のあるのに感激する。だれでも一人で居るときは心身ともにゆったりとしている。この状態で客をもてなすなら、客になごやかな感じを与える。客に対する最高の待遇であろう。

客のいるときはこちらも心が改まる。身じまいも失礼のないようにととのえる。この緊張した念《おも》いで独居《ひとりい》するなら過ちを犯すこともない。現代語訳にすると〝ひとりのときは客の前に、客の前では独居《ひとりい》のつもりで〟となろう。

（松原泰道）

磨《みが》いたら磨いただけの光あり　性根玉《しょうねだま》でも何の玉でも

——山本玄峰

山本玄峰《やまもとげんぽう》老師（一八六六〜一九六一）は自らいう「学力のない自分の修行は、重労働によって、はじめて禅要《ぜんよう》（禅の真髄）を得る」と。そして言葉通り厳しい肉体労働を自分で買って出た。上記の言は老師自身に対する自戒の言葉である。

性根は、一般に根性《こんじょう》と受けとめられているようだが、それはそれでいい。ただ禅者は性根を人間の奥底にひそむ本心本性——仏心とする。私のいう純粋人間性である。

玄峰老師は性根を具体的に〝性根玉〟として他に見せる。身中に明玉を持っていても磨かずに放っておいたら何にもならない。師は示す「どんな利巧者でもぐずぐずしておったら、いつまでたっても役に立たぬ。怠るの百年は恨むべき百年となる。それを間違わないよう

山本玄峰

にするために修行するのだ」

（松原泰道）

自然が、人間のやった仕事に対して「意見」を吐いた

——鈴木大拙

鈴木《すずき》大拙《だいせつ》博士（一八七〇〜一九六六）は世界的な仏教学者で、とくに禅思想の造詣が深い。

大正十二年（一九二三）九月一日に関東地方に大地震が起こり関東一円は大災害を蒙った。鈴木大拙は当時、鎌倉の円覚寺山内の正伝庵《しょうでんあん》という寺に住んでいた。鎌倉の受けた被害はとくにひどく、鎌倉大仏のお首も落ちた程で、大拙が住む正伝庵も倒壊した。

彼は危く難を逃れて庭に飛び出したが、見るかげもなく崩れた庵を眺めながら「自然が、人間のやった仕事に対して『意見』を吐いた」と感心していたという。

鈴木大拙

当時の日本もかなりぜいたくな生活だったので、震災を「天罰」と受け止める向きもあったが、「自然が意見を吐いた」との発想はすばらしいではないか。

（松原泰道）

人は仏心《ぶっしん》の中に生まれ、仏心の中に生き、仏心の中に息をひきとる

——朝比奈宗源

長いこと僧堂で修行をして、師から印可《いんか》も受けて、晴れて故郷に錦を飾った朝比奈宗源《あさひなそうげん》（一八九一〜一九七九）は、意気揚々と人々の前で法話し

た。

ところが親族の年寄りが嘆いたという。

「あなたの話のように、真に安心《あんじん》を得るためには長く厳しい修行が必要だというなら、自分のような年寄りは修行もできず、安心を得ないままで死んでゆくのかと思うと、悲しい」

禅師はこの言葉に愕然とした。

修行の果てに得る安心と、ただ信ずることで得られる安心と、両面から説かれねばならないと知らされた。

朝比奈宗源

以後、自ら念仏の道場にも参じて、他力の法も実践され、やがて「仏心の信心」を展開する。

「仏心には生死の沙汰はない。永遠に安らかな永遠に清らかな永遠に静かな光明に照らされている。

仏心には罪やけがれも届かないから、仏心はいつも清らかであり、いつも静かであり、いつも安らかである。これがわたしたちの心の大本である。

仏心の中には生き死にはない。いつも生き通しである」

と。この後、冒頭の句が高らかに宣言される。そして、

「生まれる前も仏心、生きている間も仏心、死んでからも仏心。仏心とは一秒時も離れてはいない」

と断言された。禅師の仏心の言葉に安心して、死んでいった者は多かった。

鎌倉の円覚寺に管長として長く住したが、晩年は「日本を守れ」と叫び続けて逝った。

（形山睡峰）

たった一語でいい、天下の人をして震えあがらせるような一句を吐《は》けば、立派な禅僧だ

——山田無文

このあと、「それが提唱だ、講座だ。古い昔の書入れ（注釈）ばかり読んで、大きなことを言っておっても、戦争はいいか悪いか、たったこれだけのことに対してさえ一句もよう吐かんではないか。そんなことでは、禅宗の管長さんだの、お師《し》家《け》だのとは言えんはずじゃ。金持ちの機嫌をとって、盛大な入寺式の儀式をして、やれ五十万かかったの、七十万かかったのと、それが今日の臨済宗を背負って立つ大宗匠かッ。たとえ公案で飢え死にしても、天下の人をビクッとさせるような一句を吐かんことには禅僧とは言えんはずだ」とつづく。

山田無文

私ども禅僧は皆、この一言で震えあがる思いだ。

山田無文《むもん》（一九〇〇～一九八八）が昭和二九年から三十年にかけて、神戸の祥福僧堂で雲水たちを相手に提唱された『臨済録』の、最初の言葉である。

後に（昭和五九年）、禅文化研究所から上下二巻の本となって出版された。テープを原稿におこす編集者たちが、

「毎日、老師にどなられていますわ」

と言うほど全編、叱咤督励の言葉に満ちている。

かつて、飯山の正受《しょうじゅ》老人（白隠禅師の師）の何百年かの遠忌《おんき》法要があった。その時、各派の管長や師家が多数集まり、金襴の袈裟《けさ》をつけて読経するのを見て、無文老師は、

「まるで花魁道中《おいらんどうちゅう》のようだ」

と評した。そのために、禅僧たちから批判され大いに叱られたという。庶民には「無文節」と称される名法話で親しまれ、その飄々たる風姿が愛されたが、内にはこのような烈々たる機鋒が蔵《かく》されていた。

山田無文禅師は祥福寺（神戸）に住し、長く花園大学の学長も務めたが、後に妙心寺派の管長となった。


（形山睡峰）

すべての過去が新たな意味をもって蘇《よみがえ》ってくる
——大森曹玄

禅の修行は、坐禅に徹底することで現在の迷いの人生を離れ、悟りの真実世界に至るのだとされる。

しかし、正しく悟れる人はよいだろうが、悟らない前に死んでしまったのなら、その人の人生は何になるのか。一生を無意味に中途半端なまま生きた、愚か者だったということで済ましてよいのだろうか。悟った者は真人で、悟らぬ者は凡人とするなら、大半は終生凡人で終わることになろう。

弓は的《まと》に当てることが目的である。だが、射《い》られた矢が的までの道を中途半端に飛ぶ訳ではない。どの瞬間も、与えられた条件を百パーセント受けて、ひたすら前に飛ぶから当たるのだ。ならば、

大森曹玄

悟りに至る途中の凡人にも、何らかのひたすらな意味があってもよい。

　そう思ったから、私は聞いてみた。

「悟ったら、それまでの迷いの人生はどうなるのですか」

大森曹玄《おおもりそうげん》（一九〇四～一九九四）は即座に答えた。

「すべての過去が新たな意味をもって蘇ってくるのだ」

　人は目前の事実に執らわれて生きるが、全過去を受けずには、一瞬も今日を得ない。わずかな行為にも、生命の積んできた無限の全歴史が支えになっていると知るなら、一切の未来もまた即今に在ると気づくだろう。

　曹玄老師は東京中野で、高歩院《こうほいん》という小庵に住した天竜寺派の僧である。

（形山睡峰）

曹洞宗

仏道《ぶつどう》をならうというは、自己をならうなり

―道元（『正法眼蔵《しょうぼうげんぞう》』現成公案《げんじょうこうあん》）

「自己」をこれほどはっきりと打ち出した言葉はない。

修行の第一歩は世俗を捨て、我執我欲をすっかり捨てきろうとしなければならない。このような境地が現われてくれれば、自然と真実なものを求めようとする心がわいてくる。

この心は、仏教で菩提心《ぼだいしん》とか道心《どうしん》といっており、仏教の真理を指していった言葉である。

この真理を体験することが他ならぬ修行ということである。したがって、菩提心がおこらなければ、すべての修行は徒労に終わり苦痛を感じるのみである。

結局、仏教は「自己とは何か」という自己究明の教えである。自分を徹底的に究明し知り尽くすことを目的としている。

自己を徹見するということは自分をすべて忘れることであり、この自分を放り出して行くことである。いたずらに高遠な真理を求めるのではなく、現実に対処するにはどうしたらよいかを学ぶのである。そして、つねに自己を磨かなければならないことを道元《どうげん》（一二〇〇～一二五三）は言うのである。

（川口高風）

法を聞くとき、もし己見《こけん》に同ぜば是《ぜ》となし、もし旧意《きゅうい》に合わざれば非《ひ》となす

―道元（『学道用心集』）

人間の、考えたり、思ったりする標準は、いつでも「自分」である。その人の過去の損得の経験・教育・環境などの違いによって、思考の眼鏡

も違ってくるものである。立場が変わると考え方が逆転することがあるのも、つねに自己が中心だからである。

仏法もその人の境涯《きょうがい》、思想、信心の違いによって捉え方が異なってくる。自分の世界を通してしか事物を捉えることができないのだから、仏法を聞く時には、まず自分の標準としている価値観を捨てて聞くべきで、自分の価値観（思いこみ）に合うものを是とし反するものを非とするということをしてはならない、という教誡である。

道元

仏法は出世間《しゅっせけん》の道理である。その道理を学ぶためには、すべての自己善悪の価値観を捨て去るべきである。捨て切れない者にどうして仏法が体得できるか、という厳しい指摘である。（須田道輝）

今生《こんじょう》の命《いのち》は一切衆生《いっさいしゅじょう》に施す

――道元（『正法眼蔵随聞記《しょうぼうげんぞうずいもんき》』第一）

私にとって、この一句には、二つの意味を感じている。一つは菩薩の行願《ぎょうがん》、一つは私自身の命の存在である。

菩薩の行願は、命を一切衆生に施すということだが、これは考えただけでも凄《すさま》じい行為である。

江戸時代、烏山藩《からすやまはん》の天性寺円応《てんしょうじえんのう》は、領民の困苦を救ってもらおうと、二宮尊徳翁《にのみやそんとくおう》のもとを訪ねた時、翁から「仏道に荒地を耕し、民を安んじ民の飢えを救うという教えがあるか」と言われ、「言葉は違うが、仏の本意は衆生済度《さいど》にあるから、民を憐《あわれ》み飢えを救う行願は仏の本願でもある」と答えた。

円応は自分の資産を投げ出し、開田を進めたが、焼け石に水だった。ある日、何を思ったか沼に入って鯉《こい》を採りはじめた。それを見た領民には、仏家にあるまじき行為と批難されたが、「人々の飢えを見るにしのびん。たとえ破戒僧と言われても、窮民の助けとなるならばどんなことでもする」と言って鯉を商人に売り、施米にしたという話がある。

「命を施す」という言葉の裏には、持戒とか破戒とかいう価値観をはるかに超えた行願があるといえる。

また「今生の命」という言葉に、若い頃、恐ろしいほどの響きを感じたことがあった。

この地球に生まれた自分とは、一体何なのか。私が立っている地球も、銀河系宇宙の約一千億個の星の集団のなかの一つ……という視点から自分を考えると、私の存在は全く価値を失い、塵《ちり》にもならない存在であると強く感じた。宇宙は人間の悩みや迷悟とは、全く関わりなく存在し機能している。その「法界《ほっかい》」（真理そのものの現われとしての世界）的な観点から、私自身を考えた時、この一文は果てしなく深い宗教性に裏づけされていると感じた。

人の存在の虚しさとその重みを同時に考えさせられた言葉だった。日本人の「福は内、鬼は外」的な習俗信仰とは、あまりにも違いすぎる仏教がここにある。

（須田道輝）

ただその人の徳を取りて、失《しつ》を取ることなかれ

——道元（『正法眼蔵随聞記』第三）

禅には「参師問法《さんしもんぽう》」といって、昔は諸方の師をたずねて、直に教えを請い、師の徳に触れながら修行するという善き習慣があった。学ぶ心のある者は、どんな師匠、どんな修行者にも学ぶものがあるはずだ。仏道を求める者は、謙虚な心で学びなさい、という教訓である。学ぶ志しさえあれば、雑草一本にも人の生きる教訓が充満している。

これに対して学道の心がないと、人の噂や自分の尺度で善悪を決めつけ、それで解《わか》ってしまったような錯誤に陥る。人の善根《ぜんごん》を学ぶということは、自分も善根を養っていることである。もし人の失《あやまち》のみを批判したり、妬《ねた》んだりする者は、自分の善根をも減らしているのである。（須田道輝）

生《しょう》も一時の位《くらい》なり、死も一時の位なり

——道元（『正法眼蔵』現成公案）

「生」には前方に向かって動くもの、生長するもの、外境に反応するものという「縁力《えんりき》」（縁のはたらき）があり、「死」には非活動的なもの、みずからの中に沈潜するもの、外境に接触しないものという縁力がある。つまり生とは活動的であると同時に目的的、死は静止的で回帰的である。

しかし道元禅師は、生と死とを原理的に捉えるのではなく、春と冬とのように一時の「法位《ほうい》」であると仰《おっしゃ》っている。どちらが好ましく、どちらが嫌いという次元では語れない問題である。

死は存在の「本源」＝空《くう》へ回帰する力＝「縁《えん》滅《めつ》」であり、生は本源の「縁生《えんしょう》」＝縁によって生

じたものである。回帰するのであれば、生とは再生する縁生の「種子《しゅうじ》」（事物を生じさせる力）を保持するもの、自らの本源に沈潜する現象と捉えるべきである。だから生とは死が春の時空に触れて縁生するものだし、死とは生が冬の時空に触れて縁滅するものである。

死は何人も経験できない。生きている間は、死は存在しないし、死は死の経験すら死化するのだから、私たちにとって死は永遠の沈黙の存在である。

（須田道輝）

もし菩提心《ぼだいしん》をおこしてのち、六趣四生《ろくしゅししょう》に輪転《りんでん》すといえども、その輪転の因縁みな菩提の行願となるなり

――道元（『正法眼蔵』渓声山色《けいせいさんしょく》）

菩提心とは道心《どうしん》ともいい、「人生の真実とは何か」を探究する勇猛心《ゆうみょうしん》である。法の真実と人生を追求する行動をおこす宗教が禅や仏教だとすれば、他の宗教――絶対者への畏敬と服従による人生解決――とは大いに異なるところである。

「真実を究めよう」という志しさえあれば、たとえ地獄や修羅《しゅら》、人、天などの六趣という精神的環境、つまり困苦と抑圧の地獄、争いと対立競走という不毛な修羅世界、繁栄のゆえの怠惰とわがままの人天世界など、いずれの環境におかれても、菩提心さえあれば、いかなる不幸も、困苦もすべて、聖なる大道成就の要因となり、栄養となる。それと同時に地獄の苦労はすべて人々を救済する豊かな方便智《ほうべんち》となるわけである。釈尊が述べられたように、苦しみは、人生を共存する土台である。苦しみを体験したことがない者が、苦しむ人の心を救うことはできない。

（須田道輝）

いま現前《げんぜん》せる依報正報《えほうしょうぼう》、ともに内に相《あい》似《に》たり、外に相似たり

――道元（『正法眼蔵』古鏡《こきょう》）

正報とは私の人生のすべてである。依報とは私の人生をとりまく全環境（縁）である。だから依報は鏡の中の自分であって、自分をこの世に映し出した姿である。つまり正・依は同体であって別ではない。

現代人の重要課題として環境問題がある。この地球環境を悪くするも善くするも、私自身の外ではなくて、内側の問題であると認識しなければならない。環境悪化はそのまま正報である人間が悪化することだし、またその逆でもある。自然保護というが、自然は人間どもに保護されるいわれはない。自然は悠久の時間のなかで回復する力を持っているが、人間は自らの排出した害毒で生きられなくなるだけである。

依報を大切にすることは、とりもなおさず正報を正すことにつながっているのである。

（須田道輝）

名聞利養《みょうもんりよう》を捨てる

――道元

名聞は世間の名誉、利養は物質的な利益といったほどの意味。簡約して、名利《みょうり》という。

名聞利養は、自分中心の欲望にとらわれているところから出てくる迷いのすがただから、仏教を学ぶにあたっては、名聞利養を精算しなければならないと説かれる。名聞利養を求めながら仏法を学ぶということは不可能である。

名聞利養を徹底的に批判し、嫌悪したのは、わが国十三世紀に登場した仏教僧、道元禅師だろう。

道元禅師は、若いころ、入宋して、天童山景徳寺の如浄《にょじょう》に学び、決定的な宗教体験をえた。

如浄の宗教体験の深さとあたたかい人格に傾倒した道元禅師は、如浄の事蹟を記すなかで関連事項として、「愛名《あいみょう》は、犯禁《ほんごん》よりもあし」(『正法眼蔵』行持)と書いている。

名聞を愛することは、仏教でさだめられている戒律を犯すことよりも罪が重いというのである。戒律を犯すのは一時的な誤りといえるが、名聞を愛するのは生涯のわずらいである。

名聞を捨てることは、一般には、なかなかむずかしいことではあるが、しかし、釈尊や歴代の祖師たちのなかに、名聞を捨てない人はいないのである。名聞利養を捨てることによって仏祖となったのである。

生きとし生けるもののために利益を与えるための手段として、名聞利養を愛するのはよいとある人は言うが、それは間違っている。それは、悪魔のたぐいである。

そんなふうに道元禅師は、仏教を学ぶ者は名聞利養に近づいてはならないことを口を極めて強調している。それにしても、たいそうきびしい教えである。

(東隆眞)

只管打坐《しかんたざ》

――道元

この言葉は、道元禅師の説く禅の特色をあらわす言葉の一つとして知られている。この言葉には、どのような意味がひそんでいるのだろう。

只管打坐は、道元禅師が中国の天童山景徳寺の如浄《にょじょう》禅師のもとで学んだときの如浄の教えであり、そして、帰国した道元禅師が門下の人たちにさかんに説いたときの言葉でもある。これを整理すると、次のとおりである。

(1)　如浄は、道元禅師に対して、念仏、懺悔、読経などをする必要はない。坐禅の一行だけを学べと説いている（『宝慶記《ほうきょうき》』）。ここでは、只管打坐とは、坐禅の一行だけを学ぶという意味である。

(2)　如浄の景徳寺では、如浄は、午前二時、三時から午後十一時ごろまで、修行僧たちと一緒にひたすら坐禅に打ちこむ毎日であったようで、もちろん、そのなかに道元禅師もいたわけである。そして、大事《だいじ》（身心脱落《しんじんだつらく》。決定的な宗教体験）をえたのである（『正法眼蔵随聞記《しょうぼうげんぞうずいもんき》』）。ここでは、只管打坐とは、ひたすら坐禅にうちこむという意味である。

(3)　道元禅師は、門下に対して、仏法に身心をなげいれて、悟りを求めることもなく、ただ坐禅することこそ真実の道だと説いている（『正法眼蔵随聞記』、『永平広録』）。ここでは、只管打坐とは、ただ坐禅するという意味である。

(4)　着物を着たり、食べ物を食べたり、真剣に精進するなどなど、坐禅以外のことも只管打坐であると示している（『正法眼蔵』）。ここでは、只管打坐とは、坐禅を超えた禅というか、禅の精神の日常化というか、社会化というか、そういう意味をもった只管打坐である。

(1)、(2)、(3)の只管打坐ももちろん大事だが、(4)の視点を失った只管打坐は、もはや現代世界に対応する力をもちえないのではないかとも思われるが、いかがだろうか。

（東隆眞）

ただし修行の真偽をしるべし

——道元（『正法眼蔵』弁道話）

ここに「ただし」というのは、「ただ」という意味である。道元は寛喜《かんぎ》三年（一二三一）八月十五日、『弁道話《べんどうわ》』を撰述する。『弁道話』は、道元が初めて著した信仰告白の書であり、自己の宗教的世界を、当時の教界に向かって開陳した最初の著述である。『弁道話』の中には、当代に流行した念仏への批判があり、大乗仏教の極致といわれた天台宗、華厳宗、真言宗への批判もある。

ここに掲げたのは、仏法の極妙と称される天台宗等の教えをさし措《お》いて、何故「坐禅」をすすめるかという問に対する答の中の一語で、具《つぶ》さには、「しるべし、仏家《ぶっけ》には教の殊劣《しゅれつ》を対論することなく、法の浅深をえらばず、ただし修行の真偽をしるべし」である。「教の殊劣」とは、「どの教がすぐれているか、どの教えが劣っているか」ということ。「法の浅深」とは、「どの教えが浅く、どの教えが深いか」ということ。

「真実」に生きるとは、言葉の綾《あや》や論理の浅深を知ることではなくして、「いのち」の大地を、純真に、ひたむきに、しっかりと踏みしめて、実際に歩んでゆくことだというのである。仏道においては、その修行が本物であるか偽物《にせもの》であるかということが、何にもまして重要である。どんなにすてきな料理でも、献立だけでは現実に生きる「いのち」の足しにはならぬ。借りものの衣装を身に纏《まと》うただけの見せかけの修行は、たったひとつの、かけがえのない自己の「いのち」の尊厳を、自らによって冒瀆する行為であるにすぎない。「仏道」は実践であり行証である。それゆえ、習い憶《おぼ》えたことだけでは、「仏道」のまことの力には、決してなりはしないというのである。

（鈴木格禅）

道は山の如く、登ればますます高し。徳は海の如し、入ればますます深し

——瑩山（『伝光録』）

これは總持寺《そうじじ》や永光寺《ようこうじ》を開いた瑩山《けいざん》（一二六四〜一三二五）の『伝光録《でんこうろく》』第十祖脇尊者《きょうそんじゃ》章の拈《ねん》提《てい》にある言葉である。

『伝光録』は、瑩山が三十三歳の正安二年（一三〇〇）正月に大乗寺において提唱したのを、門人たちが筆録整理し編集したものである。インドは釈尊から一仏二十七祖師、中国は達磨から二十三祖師、日本では道元と懐奘《えじょう》の総計一仏五十二祖師の伝法を記している。一章ごとに師より弟子が法を嗣《つ》いだ言葉の公案を示し、次に導かれた因縁を説き、続いてその奥義を解釈し説法している。

仏道は山のようなものである。もう頂上かと思うと、もっと高い山が現われる。登れば登るほど高い山が見えてくるのである。仏祖の徳は海のようなものである。もう底かと思えばまた一段と深くなり、入っていけばいくほど深くなっていくという。そして深い海底をきわめ、高い山頂をきわめる精進をしてこそ真の仏の弟子という。

仏道に限らず一つの道を究めることは大変である。常に不断の精進をすることが大切である。それを瑩山はこの言葉で教えている。（川口高風）

茶《さ》に逢《お》うては茶を喫《きっ》し　飯《はん》に逢《お》うては飯を喫《きっ》す

——瑩山

飛行機に乗って雲の上に出ると、下界は雨でも上空はからりと晴れた青空である。同様に、私共の日常はモヤモヤした分別妄想やドロドロした欲望の雲に覆われている。が、その雲を突き抜ける

と、すがすがしいさわやかな心である。

このすがすがしい心が、そのまま日常生活に活かされて、一挙手一投足が仏道にかなう。それを「平常心是道」というのであり、その姿は、茶を喫するときは余念雑念を交えず喫茶三昧に徹し、食事のときは食事の一行三昧によりきることである。

なんでそんな堅苦しいことが必要なのか。雑談しながらお茶のんでもいいじゃないか。テレビみながらめし食ってもいいじゃないか。いや、久米《くめ》の仙人でさえ、川端で洗濯している乙女の白脛《しらはぎ》をみて欲心を起こし墜落するのである。二途にわたらず、一行三昧に徹してこそ、すがすがしい心が保持できるのである。

（佐藤俊明）

洒落《しゃれ》仏法、ぬけがら坐禅は何の用にもなるまじきぞ

——鈴木正三

以下、「眼をすゑ、歯をかみしめ、果眼《はたしめ》になりて、むらがる敵の中に躍《おど》りこみ、敵の鎗尖《やりさき》に突き立てる覚悟をもて修行せよ」とつづく。

徳川家康の軍に従い、天下分け目の戦い、関ヶ原の合戦および大坂の役に抜群の武勲をたてた生《きっ》粋《すい》の三河《みかわ》武士だった鈴木正三《すずきしょうさん》（一五七九～一六五五）は二王禅《におうぜん》を提唱し、当時のなまぬるい禅風をもどかしく思い、標記の言葉をもって常々門人を激励している。

二王坐禅を示した言葉に、「仏道修行は仏像を手本にして修すべし。仏像というは、初心の人、如来像に眼を着けて、如来坐禅は及ぶべからず。只、二王、不動の像に眼を着けて、二王坐禅をな

すべし。まず二王は仏法の入口、不動は仏の始めと覚えたり。さればこそ、二王は門に立ち、不動は十三仏の始めに在《まし》ます。彼の機を受けずんば、煩悩に負くべし。只、一づに強き心を用ゆるの外なし」と。

（佐藤俊明）

観自在菩薩《かんじざいぼさつ》　観自在トハ異人《いじん》ニアラズ汝諸人《なんじしょにん》コレナリ

——天桂伝尊

これは天桂伝尊《てんけいでんそん》（一六四八〜一七三五）の『心《しん》経止啼銭《ぎょうしたいせん》』にある言葉。

『般若心経』の冒頭に観自在菩薩が登場される。この場合、観自在菩薩は固有名詞ではあるが、別段特定の人格に固定することなく、すべての仏道修行者と解すべきである。そこを端的に「観自在とは異人にあらず、汝諸人これなり」と喝破したのである。だから白隠禅師も『毒語心経《どくごしんぎょう》』に、「是非憎愛すべてをなげうてば、汝に許す生身の観自在たることを」と述べている。

後年、二宮金次郎が十八歳の秋、小田原からの帰途、飯泉の観音堂に立寄り、旅の僧が『観音経』を訓読しているのを聞き、再読を所望し、読誦終わったところで、「このお経は、観音さまとは、金次郎、お前のことだ、と教えているんですね」とたずね、旅の僧をおどろかしたという。

無礙《むげ》自在のはたらきをわがものとすることを教えるのが心経である。

（佐藤俊明）

一句を持《じ》するにしかず

——良寛

良寛さま（一七五八〜一八三一）の言葉に、「たとえ恒沙《ごうしゃ》の書を読むとも、一句を持するに如《し》かず」というのがある。「恒沙」とは、ガンジス河の川砂のことで、無量をあらわす言葉である。

したがって「恒沙の書」とは万巻の書のこと。万巻の書を読むのもよいが、一書の中の一句をかみしめ、肉体化することはさらに大事なことである、というのである。

時代感覚に遅れまいとすれば新刊書を漁《あさ》らなければならぬが、今日の新刊の多くは、明日は見る影もなくなってしまう。

そのような無価値なものを追いかけ、目新しい人気に引きずりまわされては精力の浪費も甚だしい。それよりは人間形成の肥料として真に価値ある古典を熟読玩味し、心を打つ一句を奉持することが大切である。

知らざること百千ありとも、行うことこの一句にたがわず――そういう確信を持って生きたいものである。

（佐藤俊明）

災難《さいなん》に逢《あ》う時節《じせつ》には災難に逢うがよく候《そうろう》。死ぬ時節には死ぬがよく候

――良寛

文政十一年（一八二八）旧十一月十二日、新潟三条を中心に大地震が起こり、死者千六百人、負傷者千四百人を数えた。雪深い冬のため、人々はこの世の終わりかと思ったほどであった。

良寛自身に直接の被害はなかったが、友人の山田杜皐《とこう》へ見舞い状を出している。それには地震にあったものの、こうして生きながらえてきたため、このようなひどい様子を見るのが実につらいという。そのすぐ後に続いて言ったのがこの言葉であった。

まことに人を喰《く》ったような言葉であるが、災難や死の苦を免れるために抵抗するのではなく、自然に従い自然を受け入れることによって、かえって心の平穏が得られる教えを語っている。

苦は人生の一部分といえるが、釈尊は人生は苦でなく苦こそ人生そのものと説いている。苦を通して人生が見えてくる。心に残る思い出は、苦しい時の思い出の方が多い。苦は本人にとってつらいことだが、それをはねかえすエネルギーがわき出てくる時でもある。負けてはならないというファイトを燃やす時である。

良寛は現実を率直に受け入れる姿勢をもっており、まさに良寛ならではの名句であった。

（川口高風）

得《とく》は迷い、損《そん》は悟り

——沢木興道

沢木《さわき》興道《こうどう》（一八八〇〜一九六五）が提唱でよく言われた言葉である。沢木は周知のごとく、昭和初期より同四十年まで禅界の第一人者として活躍された人である。

明治十三年、三重県津市に誕生した。母は五歳、父は八歳の時に逝去したため兄弟、姉妹はばらばらになり、女中奉公や親類にあずけられた。沢木があずけられた叔父は半年後に急逝したため、沢木文吉の養子になった。養父母の言いつけで博奕《ばくち》場へぼた餅を売りに行ったり、下足番をするなどして、複雑な世の中の裏を少年時代に知った。

小学校を出て稼業の提灯屋に精出しつつ養父母を養っていたが、しだいに自分の人生に疑問をもつようなり、十七歳の時、永平寺へ行き出家をねがった。縁あって九州天草の宗心《そうしん》寺の弟子となり、宗典や仏教学を学んだ。

後に熊本の大慈寺僧堂の講師、駒澤大学教授、大本山總持寺後堂を勤めたが、生涯住職寺院をもたず、自らの著作もせず、只管打坐《しかんたざ》の生活であった。いつの間にか「移動叢林《そうりん》」とか「宿無し興道」と称されるようになった。

沢木の一生は清貧の生活であり、名利《みょうり》財産すべてを捨てて何もなかった。人間は得《とく》した時、欲を出した時、必ず迷いが生ずる。逆に損をした時、失った時、何もないため欲は起きず、すがすがしい気持ちになる。無一文、無一物の生活を実行したところから出てきた沢木の名句である。

（川口高風）

人の物を盗む訓練を重ねて泥棒になるのではない。盗んだその時がすでにりっぱな泥棒だ

——沢木興道

修証《しゅしょう》不二《ふに》という。修行という手段によって証（さとり）という目的を達成するのではなく、修はそのまま証であり、証は即修だというのである。

沢木興道

常識的には修行は先、悟りは後、修行の結果得られるものが悟りである。禅の修行といえば坐禅なので、坐禅をして証りを得るということになる。すると悟りに対する坐禅は手段ということになり、悟りは坐禅という手段によって達成される目的となる。

ところが禅では、修行と悟りを対立させて、その間に思慮分別をさしはさむことを染汚《ぜんな》といって極度に嫌う。

坐禅は不染汚の行でなくてはならぬ。坐禅の時は坐に純一でなくてはならぬ。修行と悟りを対立させて、坐禅をしながら悟りを待ち望む思いがあってはならぬ。坐禅の当体そのままが悟りである。物盗めば即、泥棒。坐れば即、仏。（佐藤俊明）

目で見せて、耳で聞かせて、してみせて、ほめてやらねば人は出来ぬよ

——清水浩龍

この言葉は清水浩龍《しみずこうりゅう》の口癖で、雲水と一緒の生活を送ったところから出たものである。

金沢市大乗寺六十七世で、それまでは群馬県の迦葉《かしょう》山龍華《りゅうげ》院に住持した。迦葉山は関東きっての祈祷寺院で、そこでは徹底した信徒の教化に尽くした。大乗寺へ晋住《しんじゅう》した後は、枯淡の僧堂で徒弟の育成に徹した。清水は人物養成は言葉だけでなく実践であると言い、自分の身を以って示した。日常のすべてにわたり、雲水との大衆《だいしゅ》一如《いちにょ》で先頭に立った。

ある時、雑巾がけの仕方、雑巾の洗い方を教えた。洗った雑巾では顔を拭《ふ》けるほどきれいにすぐのだと言い、自分の顔を拭いてみせた。また、どれだけやったかということよりも、やろうとする心がけ、すなわち志を重んじて励ましていた。やる気のない者には、他者の修行の妨げになると厳しい態度であった。

単に口うるさい師家《しけ》というのでなく、自分にも厳しい人であった。体は小柄であるが、雲水《うんすい》を指導している姿は大きく感じられたといわれる。

昭和四十三年には永平寺西堂に就《つ》いた。ただし、常在することを条件に受けられ、そこでも大衆一如の生活に徹した。

己を厳しく律した清水は、多くの弟子たちを育成した。無欲恬淡《てんたん》の境涯の持ち主であった。

（川口高風）

日蓮宗

一切衆生《いっさいしゅじょう》の同一《どういつ》の苦《く》は、悉《ことごと》く是《こ》れ日蓮一《にちれんいち》人《にん》の苦と申すべし

—日蓮（『諫暁八幡抄《れんぎょうはちまんしょう》』）

仏陀釈尊は衆生の苦を抜くために世に出現あそばされた。仏教にしたがう菩薩や諸尊にとって、すべて衆生の苦を抜き、楽を与えることが課せられた命題であった。また、それらの方々も積極的にそれを達成することを誓願としている。しかし、苦と言っても、四苦八苦をはじめとするさまざまな形がある。仏陀は人々のそれぞれ異なった苦悩を、それぞれに応じて解決されるのである。

それに対して、日蓮《にちれん》（一二二二〜一二八二）は仏陀への謙譲を示すとともに、時代社会に生きる人々との共感に生きようと決意したのである。つまり、日蓮は時代社会、つまり末法《まっぽう》の人々の同一の苦悩を一身に受けようと決意している。それが〝すべての人々の同一の苦しみは、すべて日蓮一人の苦しみなのである〟という表現の真意と言えよう。

（渡辺宝陽）

行学《ぎょうがく》の二道をはげ（励）み候《そうろう》べし。行学た（絶）へ《え》なば仏法はあるべからず

—日蓮（『諸法実相鈔《しょほうじっそうしょう》』）

実践（行）と学問（学）との二つの道は、仏教に励む基本である。天台大師のいう「智目行足」、すなわち、目で見、足で歩むように、智慧を磨くとともに、それを実践することが大切であるという指示も、そのことを明らかにするためのものであったろう。

日蓮のいう「行学の二道」とは、これらを受けつぎながら、仏教を信じる誰しもが行わねばなら

ない「行学の二道」の精神を説いているのである。すなわち、法華経に集約される仏道の実践を行い、その奥義を見究めるための修学が行われなくなれば、仏法が現前することはないと、頂門の一針を示されたのである。しかも、その行学の二道は信心から湧き起こって来るものであり、自分が践《ふ》み行うとともに人々も教化《きょうけ》しなければならず、力のある限り、一文一句《いちもんいっく》であっても自分の理解するところを人に語らなければならないのである。これこそ日蓮聖人門下の歩むべき指針である。

（渡辺宝陽）

天晴《てんは》れぬれば地明《ちあき》らかなり。法華を識《し》る者は世法《せほう》を得《う》べきか

――日蓮（『観心本尊抄』）

お寺などの額に、よく「天晴地明《てんせいちめい》」と書かれていることがある。また、かつて天晴会・地明会などの信仰団体の名称もあった。いずれも、日蓮の主著である『観心本尊鈔《かんじんほんぞんしょう》』の重要な語句として尊重されて用いられたものである。

天空が晴れれば、大地が明るく澄むのは当然のことである。しかし、日蓮がここで述べているのは、単にこれを一つのたとえとして語っているのではない。大きな根本が明らかにされれば、すべてはそれに従って行くことを明確にしているのである。そのように述べた上で、〝法華経の真理をよく知ったものは、単に精神上・仏法上の範囲のみならず、現実の国土についての識見にも及ぶものである〟ことを言うのである。事実、日蓮の『立正安国論《りっしょうあんこくろん》』はこの両面にわたる精神理論を根幹としているのである。

（渡辺宝陽）

一滴《いってき》をなめて大海のしお（潮）をしり、一華《いっけ》を見て春を推《すい》せよ

――日蓮（『開目抄《かいもくしょう》』）

〝一滴（ひとしずく）の水を味わって、それが大海原《おおうなばら》を形づくる海水であることを知りなさい〟〝一輪の花が咲くのを見て、春が来ることを推察しなさい〟というほどの意味である。

日蓮は、すべてに予兆を見た。つまり、歴史がいつもとどまっていると思い込んでいる大多数の人々にとっては、昨日も今日も変わらなかった。だから明日もそれがあると思いがちである。しかし、時代はたえず動いている。人はそれに対応する判断によって、主体的に生きて行かねばならない。真実の様相がどのように現われて来るかを、現われおわってから知ったのでは何にもならない。だから、いつもそれがどのように現われて来るかを、ゆるぎなく、予兆によって見透《みすか》さなければならないと説いているのである。（渡辺宝陽）

源《みなもと》遠ければ流れ長し

――日蓮（『報恩抄《ほうおんしょう》』）

『報恩抄《ほうおんしょう》』は、日蓮が故郷安房《あわ》国の清澄寺《せいちょうじ》において訓育を受けた少年時代の師僧・道善房《どうぜんぼう》の訃報を聞いて、日蓮自らの半生を回顧した著述である。その結びで、日蓮は日本国のすべての人々（一切衆生）に救いの道を開いたことを語り、日蓮の慈悲が大いなるものであるのなら、南無妙法蓮華経の教えは未来永劫に至るまで伝えられて行くであろうと述べている。なぜなら、南無妙法蓮華経の教えは、お釈迦さまのおさとりの根源、修行の淵源につらなる教えであるからなのである。

「源遠ければ流れ長し」とは、天台大師智顗《ちぎ》の『摩訶止観《まかしかん》』に述べられた言葉であるが、日蓮はこの言葉をこよなく愛した。それは日蓮が、たえず根本に立ち還って物事を見きわめようとする態度をつらぬきとおしたためである。

（渡辺宝陽）

先《ま》ず臨終《りんじゅう》の事《こと》を習《なろ》うて後《のち》に他事《たじ》を習うべし

——日蓮（『妙法尼御前御返事』）

日蓮聖人が信者の妙法尼にあてた手紙の一節。

人は必ず一度は死なねばならない。その事実に立脚して生きることこそが、真に生きることである。

死は自己からすべてを切り離す。富も栄誉も、家族も友も、そして自分の存在そのものも否定する。持てるもの、存在するものの喪失は苦しみであり、悲しみであり、嘆《なげ》きである。それゆえに人は、死を遠くへ押しやろうとする。しかし、いくら蓋《ふた》をしても、いくら避けても、死は必ず訪れる。拒否し、逃避すればするほど、死は深い闇となって人の心に覆《おお》いかぶさってくる。

そうであれば、死すべきいのちであることをしっかりと受けとめ、その事実に立って今を確かに生きることこそが、人としての本当の生き方であろう。

死は嫌忌《けんき》するものでも恐れるものでもなく、この生と共に今の自分に備わっている自然の道理なのである。

その事実に気づくことができれば、死と切り離された生などなく、生と死が一体となって、今の自分が存在していることが理解できるであろう。そこに、生と死を超えた自身のいのちのめざめがある。

有限な存在であることの自覚を通して、人間として真に生きることの大切さを、日蓮聖人は妙法尼に諭《さと》したのである。

（庵谷行亨）

水《みず》は能《よ》く舟《ふね》をたすけ、水は能く舟をやぶる

―日蓮（『神国王御書』）

日蓮聖人が文永一二年（一二七五）頃、身延山《みのぶさん》で執筆したとされる著作の一節。

水は舟を浮かべる。舟は水によって舟としての機能を発揮することができる。ところが、その水が舟を破壊することもある。嵐が吹きあれたり洪水が起きたりすると、舟を浮かべていた水は、たちまち舟の敵となり、舟を沈没させてしまう。

『神国王御書《しんこくおうごしょ》』には続いて、「五穀《ごこく》は人をやしない、人を損ず」と記されている。米・麦・粟《あわ》・豆・黍《きび》などの穀物は、人間の食糧となり、人間のいのちを支える栄養源となる。ところが、その穀物も食べ方によっては、かえって病気を引き起こす原因にもなる。

そのものの存在を意義づける重要なものが、情況によってはそのものの存在を否定するものとなることもある。

私たちの居住するこの地球もまた同じであろう。私たちは当たり前のようにこの地球上で生活しているが、環境の変化によってさまざまな災害を被ることも多い。地震や台風などの天変地異は地球の自然な営みであるが、それが、地球上に居住するものにとっては、存在をあやうくする敵対者としてふりかかってくる。

私たちは自然の恵《めぐみ》に依存して生活しているが、その自然が時には脅威《きょうい》となることをも弁《わきま》えて生活することが大切である。

（庵谷行亨）

病《やまい》によりて道心《どうしん》はをこり候《そうろう》か

――日蓮（『妙心尼御前御返事』）

日蓮

日蓮聖人が信者の妙心尼にあてた手紙の一節。

人は誰でも、いつまでも健康でありたいと願う。その願いとはうらはらに、人は誰でも大なり小なり病気に患《かか》る。たとえ「生涯健康である」という人がいたとしても、いつかは身体が衰《おとろ》え介助を必要とするようになる。人は誰しも老いに向かって歩んでいるのであるから、永遠に健康に生きることのできる人はいない。

人の一生は、身体の病気であれ、心の病気であれ、いつかは病気と共にすごさねばならないのである。

病気は苦しみであり、悲しみであり、憂いである。したがって、病気を通し、人は自らの弱さ、生きることの困難さ、いのちの有限性を知るのである。また、治療や介護などの支援を通して、人の心の温かさ、有難さに気づくのである。

もし、人に病気や老いや死がなければ、人はどんなにかおごりたかぶり、互いに傷つけ合って生きることであろう。

そうであれば、病気は、あながち否定されるばかりのものではない。人は病気を通して自分を知り、人を知り、いのちの尊さを知ることができる。

そのことを日蓮聖人は「病によって道心がおこ

る」と表現したのである。

病気ばかりに限らない。私たちが日頃、忌《い》み嫌《きら》っていることがらが、かえって私たち自身に本当のものを見せたり、教えたりしてくれることが多くある。むしろ、日頃から、そのことに気づく心を養うように努めたいものである。（庵谷行亨）

蔵《くら》の財《たから》よりも身《み》の財すぐれたり。身の財より心《こころ》の財第一なり

——日蓮（『崇峻天皇御書《すしゅんてんのうごしょ》』）

人間が人間らしく生きて、仏になるためには、何よりも心が大事であることを示している。すなわち、蔵に山の如く財宝を積むことができたとしても、身体が弱く病床に伏していたら、その宝を活《い》かすことができない。健康でなくてはならないが、しかし健康でありさえすれば、すべてそれでよしとすることができるか、というと、ただ健康だというだけでは、人間らしく生きることはできない。

「健全なる精神は、健全なる肉体に宿る」とも言われているが、その健全なる肉体をして、人間らしく生き、仏の道へ向けるようにするには、やはり心がしっかりしていなくてはならない。まことの生き甲斐《いがい》も心から生まれる。

第一の心の財をみがき浄めて、身の財を活かし、蔵の財を有効に使うことが、仏道につながり、世の中を明るくすることになる。（上田本昌）

異体同心《いたいどうしん》なれば万事《ばんじ》を成《じょう》じ、同体異心《どうたいいしん》なれば諸事叶《しょじかな》ふ事なし

——日蓮（『異体同心事』）

たとえば何十万の将兵がいたとしても、心がばらばらで、一つにまとまっていなかったとしたら、戦《いくさ》にやぶれてしまうであろう。その反対にわずか数百人の兵士であっても、心を一つにして敵に向かったなら、よく勝つことができる。

また一人の心であっても、二つの考えを持って、迷ったり悩んだりしていたとしたら、一つの事を成就することもできなくなってしまうであろう。何百人・何千人の人であっても、心を一つにしたならば、どんなことでも成しとげられるものである。

一心になることが、何をする場合でも大事である。特に困難にぶつかった時、人の多きをもって安心してしまってはならない。たとえ少人数であっても、一心になれば困難をのりこえることができるものである。

（上田本昌）

われらが心の内《うち》に、父をあなづり、母をおろかにする人は、地獄その人の心の内に候《そうろう》

——日蓮（『重須殿女房御返事』）

近頃の教育では、親の恩や師の恩が、全く稀薄になってきている。その現われとして、最も尊敬し大切に考えなくてはならない親や教師に向かって暴力をふるい、傷害を加えて少しもわびるところのない若者が、増加してきている。社会問題にもなってきた。

生み育ててくれた両親や、知識を授けてくれた教師に対してさえそうなのであるから、まして他人に対してはなおさら恩など感ぜず、「関係ない」存在として無視し、もっぱら自分本位に行動して、暴走族的な人生を進む者が少なくない。まさに地獄の鬼どものような存在である。

親や師を尊敬することを身につけることにより、人を尊び先祖を崇めることを学ぶものである。そこには互いに尊敬し合って生きる浄土が建設されていく。

（上田本昌）

極楽《ごくらく》百年の修行は、穢土《えど》の一日の功《こう》に及《およ》ばず

—日蓮（『報恩抄』）

なに不自由のない極楽、心配事も苦難も少しもない極楽で、たとえば百年間もの永きにわたって修行をしてみたとしても、それは厳しい苦難の現実の世で、わずか一日修行した功徳に、とても及ばぬものである、というのである。

だいたい修行とは苦難を耐えて生きぬくことであり、困難にうち勝つところに意味があるのである。充分にみち足りた環境の中での修行は、たとえ永年にわたったとしても、本来の修行とはならない。すなわち、極楽での修行よりも、穢土といわれるこの現実の世の中で苦しみや悲しみに悩みながら、強く正しく生きぬくための修行こそが、本当の意味での修行といえるのである。現実が苦しくつらいものであるならば、なおさらみんなで手を握り合い扶《たす》け合って、生きぬくべきである。

（上田本昌）

和氏《かし》が良玉《りょうぎょく》頸《くび》に懸《か》けてこれを磨《みが》かず

—日像（『法華宗弘通抄』）

日像《にちぞう》上人（一二六九～一三四二）が、法華経の布教の大切さと必要性を説いた著書の一節。

和氏の良玉とは『韓非子《かんぴし》』『蒙求《もうぎゅう》』等の文による。和氏は、中国の周《しゅう》代の楚《そ》の人で姓は卞《べん》、名を和《か》と称し、宝玉鑑定の達人。宝玉を厲王《れいおう》に献じたが、ただの石を詐称《さしょう》したとして左足を切られ

た。さらに武王《ぶおう》の世になってからも宝玉を献じたが、同じく右足を切られた。文王《ぶんのう》の世になってはじめて宝玉であることを王に知らしめることができたという。

宝玉を首にかけていながら磨《みが》こうとしないとは、せっかくの宝物を持っていながらその価値に気づいていないという意味。

『法華経』の五百《ごひゃく》弟子《でし》受記品《じゅきほん》第八には、自分の着ている衣に、親友が宝珠を縫《ぬ》いつけていてくれたにもかかわらず、そのことを知らないで貧しい生活を続けている人の譬《たと》え（衣裏繋珠《えりけいじゅ》の譬）が説かれている。

『法華宗弘通抄』には続いて「耆婆《ぎば》が妙薬《みょうやく》掌《たなごころ》に懐《いだ》きてこれを服《ふく》さず」と記されている。

耆婆は釈尊時代の名医。名医の調合した妙薬を手にもっていながら服用しないことの愚かさをいう。

『法華経』の如来寿量品《にょらいじゅりょうほん》第十六には、良医《ろうい》（名医）が、あやまって毒薬を服《の》んで苦しんでいるわが子を救うために、良薬（妙薬）を調合して与えるという譬え（良医治子《ろういちし》の譬）が説かれている。ここでも、父を疑った子供は、せっかくの妙薬を服《の》まず、父の死を聞いてはじめて目が覚《さ》め、服用したと説かれている。

これらは、せっかくの宝物・妙薬を所持しながら、そのことに気づかないことの愚かさに譬える。

（庵谷行亨）

信《しん》は道《みち》の元《もと》なり。疑《ぎ》は道の決《けつ》なり

——元政（『草山要路』）

元政《げんせい》上人（一六二三～一六六八）が仏教信仰者の指標を説き示した『草山要路《そうざんようろ》』の序の一節。

信仰は、人が生きるうえでの根元となるものであり、疑いは、人が生きるうえでの方向を決する依りどころとなるものである。

人生とは心のつながりである。仏様と自分との信仰的つながり、人と人との信頼の絆《きずな》、そのつながりが強ければ強いほど、人生は深まりを増す。

疑問は新しい世界を開く鍵である。疑問をもつことはすでに解決への第一歩を踏み出したことを意味する。疑問が生ずれば、固執した自己が揺らぎ、新しい自分へと脱皮することができる。

元政上人は続いて次のように説いている。

「戒は道の由《ゆい》なり。衣食《えじき》は道の資《し》なり。住処《じゅうしょ》は道の安《あん》なり。知識は道の因《いん》なり。誦《じゅ》は道の進《しん》なり。静《じょう》は道の直《ちょく》なり。学《がく》は道の弁《べん》なり。指帰《しき》は道の極《きょく》なり」。

戒律は道を成就する依《よ》りどころである。衣類や食物は道を進めるための資糧《かて》である。住居は道を進めることを安穏にする。知識は道を進める因となる。経書《きょうしょ》の読誦《どくじゅ》は道を増進させる。静かに心をめぐらすことは道を正しくする。学問は道を明らかにする。帰する所に至れば、それは道の完成である。

（庵谷行亨）

世界がぜんたい幸福にならないうちは個人の幸福はあり得《え》ない
――宮澤賢治（『農民芸術概論綱要』）

宮澤賢治《みやざわけんじ》（一八九六～一九三三）が、花巻農学校に併設された国民高等学校で講義した、「農民芸術論」をもとに構想されたものとされる『農民芸術概論綱要』の一節。

宮澤賢治は『法華経』の教えに心酔し、独自の境地を切り拓《ひら》いて、農業・教育・文学など多くの方面においてその才能を発揮した。

世界全体が幸福にならなければ個人の幸福はありえないとする考え方は、仏教の世界観、なかでも『法華経』の菩薩《ぼさつ》思想に立脚したものと考えられている。

私たちの生活しているこの世界は、あらゆるもののつながりのなかで成り立っている。人も物も、宇宙全体が不思議な縁《えにし》の糸で結ばれている。

宮沢賢治

したがって、他と切り離した私一人の存在というものはありえない。私たちは宇宙のすべてのものとつながっているのである。

そうであれば、私たちは宇宙的規模《きぼ》のいのちのなかで生きているのである。私たち一人ひとりにとっての本当の幸せは、宇宙全体の幸せの中にあるのである。それが私たちのめざす「本当の世界」でなければならない。

その真実を開示するために仏様はこの世に出現され、その真実を実現するために私たちはこの世に生をうけたのである。

（庵谷行亨）

古典文学・短歌・俳句

ほろほろと鳴く山鳥《やまどり》の声聞けば　父かとぞ思ふ母かとぞ思ふ

――行基《ぎょうき》

山鳥の声を懐かしい父母の声と聞く、親を偲ぶ子の心と同時に、親は山鳥の声となって子を案じ、子に願いをかけて下さっているのである。

先般、知人のご子息の結婚披露宴に招待された、その折にスピーチを頼まれ、次のような話しをした。

「本日は花嫁さん、まことにお美しい、こんなお美しい花嫁さんを拝見したのは私これで二度目です、一度目は私の結婚式の時でした。……さて、かくも美しい花嫁そして花婿と花咲かせて戴けたのは一体どなたのお陰であろうか、……それは言うまでもなく末席にお座りのご両家のご両親様のおかげであります。〝咲いた花みて喜ぶならば、咲かせた根元の恩を知れ〟という言葉のように、どうかお二人は終生ご両親に孝養を尽くして下さい、おめでとうございます」

行基

『父母恩重経《ぶもおんじゅうきょう》』に究竟《くきょう》憐愍《れんみん》の恩というのがある。究竟とはあげくのはて、いついつまでもとの意。憐愍とはあわれみをかけること、親はいついつまでも子をあわれみ思って下さるとのご恩である。

親の恩を知り、親を拝まずして人の道は歩めない。

恩を知り、恩に報ゆが　人の道

（有本亮啓）

よの中をなににたとへんあさぼらけ　こぎ行く船の跡《あと》の白波《しらなみ》
――沙弥満誓

沙弥満誓《しゃみまんぜい》の歌。原歌は『万葉集』に第三句「あさびらき」、第四・五句「こぎいにし舟の跡なきがごと」としてみえるが、『拾遺集《しゅういしゅう》』に掲出のような形で採録されている。平安朝に入って原歌の字余りや素朴な用語に修正が加えられ、これが広範に流布して人々に大きな影響を及ぼした。

例えば源信《げんしん》ははじめ和歌にかかずらうことをいましめていたが、あるとき叡山《えいざん》の稚児《ちご》が琵琶湖をながめつつ満誓の歌を口ずさんだのを聞いて、歌の効用に気づき、以来、作歌行為を認めるようになったという。

また西行《さいぎょう》はこの歌をふまえて「にほてるやなぎたる朝に見渡せば漕《こ》ぎゆくあとに浪《あと》だにもなし」という辞世の歌を示寂の半年前に作っている。

叡山から観望する琵琶湖はたしかに広く静かである。その湖上を舟があわい波の跡を残して漕ぎ過ぎてゆく。やがて水平線のかなたに舟も消え浪も消え空々漠々たる空間が残るのみ。人生はそのようにはかなく消えやすいというのである。

（山田昭全）

夢の世に仇《あだ》にはかなき身《み》を知れと　教えて帰る子は知識なり
――和泉式部

平安時代の才媛和泉式部《いずみしきぶ》は些《いささ》か自らの才能や美貌にうぬぼれていた。その上、愛娘小式部の内侍が才女であったので、自慢の種だった。ところがその小式部がにわかの患いで、あっという間に若い命を閉じていったのである。恐らく「お母さま、お母さま」と母の名を呼んで亡くなったのだろう。

和泉式部は自分にできぬことはないというほどにうぬぼれていたのに、最愛のわが子を救うてやることができず、自暴自棄となり見る影もなくやつれてしまうのだが、やがて京都の誓願寺におこもりする仏縁《ぶつえん》を戴くことができ、「自分は今までこの世で栄耀栄華《えいようえいが》をきわめるのがすべてであると思っていたが、間違いであった。この世はすべてではない、この世は夢の世だ、人の身ははかないものだ。そのことに気づけよと、子式部は知識（信仰への導きの人）となって命にかえて私に教えてくれたのだ」と気づいたのである。

それ以後、彼女は信仰の道に入り、子を失って寂しい環境なれど、今までと違って謙虚に、心豊かに晩年を過ごしたのである。

私たちはややもすると自分の力を過信し、自分の力で生きている、生きているのが当たり前、何でも自分でできるのが当たり前とうぬぼれがちだが、これはとんでもない間違いである。

人の世は、はかないものである。その人の世で今生かされていることがなんと幸せであるかと素直に喜んだ時、私たちはうぬぼれ心をすて謙虚になれるのである。

（有本亮啓）

見ずきかずいわざる三つのさるよりもおもわざるこそまさるなりけれ

——良源（『七猿和歌』）

日光東照宮の三猿の彫刻を見た人も少なくないだろう。目を塞《ふさ》いでいる猿、耳を塞いでいる猿、口を塞いでいる猿の三匹は、それぞれ悪事を見たり、聞いたり、また他人の悪口を言ったりするな、という戒めを表わしている。

もちろんこの三つの戒めを守ることは大切だが、

それよりもっと重要なことは、悪いことを考えないことである。たとえ悪事を見聞きしても、心に思わなければ行動に移すこともないからである。そのためには、いつも心を浄《きよ》らかに保つ努力が必要である。

唐の詩人で八十歳であった白楽天《はくらくてん》に「仏教の真髄は何か」と問われた道林《どうりん》禅師は、経文の一節を引いて「悪い事をせず善い事を行い、自分の心を浄《きよ》らかにすることだ」と答えた。それを聞いた白楽天が「なんだ、そんなことは三歳の子どもだって知っていることだ」と皮肉っぽく応酬すると、道林禅師に「三歳の童子が知っていることを、八十の老人が実践できないではないか」と一本取られてしまう話がある。

高度情報化社会である今日、多くのメディアを通じて実に多量の情報が送り届けられてくる。よほど心をしっかりしておかないと、情報に押し流されるだけでなく、自分の品性を下げたり、自分のみならず他人を傷つけることになる。無責任なコメンテイターの横行、品性を欠いたメディアには、この歌で対抗するのが一番である。

比叡山中興の祖といわれた慈恵《じえ》大師良源《りょうげん》（九一二～九八五）が、比叡山の守り神、日吉権現《ひえごんげん》のお使いが猿であるところから、それにちなんで、七猿歌《しちえんか》をつくり戒めとした、その一つといわれている。

（杉谷義純）

春雨《はるさめ》は此面《このも》彼面《かのも》の草も木も　わかずみどりに染《そ》むるなりけり

―藤原俊成（『長秋詠藻』）

俊成《しゅんぜい》（一一一四～一二〇四）は首尾のととのった法華経二十八品歌を家集『長秋詠藻《ちょうしゅうえいそう》』の中に

のこしている。この歌はその薬草喩品《やくそうゆぼん》「彼此《かれこれ》愛憎の心有ること無し」(無有彼此愛憎之心)の一句を歌題としたもの。一味の雨は種々の草木にまんべんなく平等に注がれるという一雨同潤の譬喩中にみえる句である。

俊成が経句題の歌を詠ずるとき、歌題の範囲内で、句意を忠実に受けとめつつ、こじんまりとまとめることが多い。奔放だが奇想天外な、発想を好む西行の詠法とくらべて俊成のそれはわかりやすく、多くの一般の人々に受け入れられていったようだ。

掲出の歌は、春さき、一雨ごとに暖くなって、やがて草木がみずみずしい緑をつけそめるという、誰もが知っている日本の春季のありようを歌い込みつつ、それでもって一雨同潤の譬喩としている。日本人はこのようにして外来の思想を自家薬《じかやく》籠中《ろうちゅう》のものとしていったのである。(山田昭全)

雲雀《ひばり》たつ荒野《あらの》に生《お》ふるひめゆりの　何《なに》に
つくともなき心かな

——西行(『山家集《さんかしゅう》』)

西行《さいぎょう》(一一一八〜一一九〇)歌の中から好きなもの一首を選べと言われれば、私はためらいなくこの一首をあげる。

「心性《しんしょう》定まらずといふことを題にて、人々詠《よ》みけるに」という詞書によって、これが釈教歌《しゃっきょうか》だったことがわかるが、歌自体は釈教のにおいを感じさせない。

「ひめゆり」はユリ科の多年草。初夏、六十センチほどに伸びた茎の先端に、一個または数個の濃い赤色の花弁を真上に向けて開く。実にあざやかで、しかも可憐である。この花が雲雀たつ荒野の屈強な草たちにまじって、精一杯自己主張するかのように咲いている。毅然としているようでもあるが、今にもまわりの雑草に押しつぶされそうでもある。

人間は考える葦《あし》だとはパスカルの言である。西行も人間の心のありようを、このひめゆりのように不安定で弱いものと見たようである。同時にその鮮烈な赤さに心の純粋性や活力をも重ね合わせて見ていたようである。

（山田昭全）

願わくは花の下にて春死なん　その如月《きさらぎ》の望月《もちづき》の頃

—西行（『山家集』）

平安末期の歌人、西行《さいぎょう》法師が自分の死を想定し、願望を詠んだ歌である。

「死ぬ時はさ、桜の花の下がいいなあ。それも満月に照らされながらがいいね。しかも、お釈迦さまが亡くなられた二月十六日なら最高さ！」

という意味だが、西行は実際、この歌の通りに亡くなる。

「演出として作られた歌」「偶然に一致した歌と死」という指摘もあるが、これには、「桜」「月光」「お釈迦さまの命日」という三つの条件が必要である。そして、この歌を支えている背景は和歌と仏教である。さらに、一度は武士になりながら、出家し、草庵に住み、旅を好んだという西行の生き方そのものでもある。つまり、「西行のように美的に

西行

死にたい」と願うならば、
一、自分の大切にするもの
二、心の支えとなるもの
この二点をはっきりとさせなくてはいけない。というよりは、この二つを大切にしながら生きなければならないのである。死に方とは生き方なのである。

医療の進んだ現在、死を美的に演出することは難しいことである。

しかし、西行のように自分の死の瞬間までいのちを燃やし続けたいと願うことはできる。

あなたにとって燃えることのできることとは何か。

そして、何月何日だったら息を引き取ってもいいか？

（村越英裕）

月影《つきかげ》の至らぬ里《さと》はなけれども　眺《なが》むる人の心にぞ澄《す》む
——法然

浄土宗の宗歌と尊んでいるお歌で、〝光明遍照十方世界念仏衆生摂取不捨の心を〟という前書きがついている。世の中のなりたちしくみと、それに対応する私というものとの関わりを、ほんとに見事にやさしい中に的確に詠み示されてある。月影の至らぬ里はない。光明は普《あまね》く照らす。万機普益、生きとし生けるものをあまねく、ことごとく、すべてに平等にくまなく照らしておってくださるというのである。

光明は眺むる人の心にぞ澄む。眺むることが決め手である。眺めない人にはこの月影の恵みの存在がわからない。しかし、わからないからといって、気づかないからといって、月影が月の光がその人に当たってないということではない。眺める人にも眺めない人にも月影はくまなく、わけへだてなく当たってはいる。当たってはいるけど、眺むる人はそれに気づくし、眺めない人はそのことに気づかないままに一生をすごすという、その違いだ。

だがこの違いは大きい。喜びに充たされて生きる一生か、そうでなくすごす一生かのわかれ目である。生かされている喜び、照らされているうれしさに充たされて、生涯をまっとうしたいものである。

(長澤普天)

行《ゆ》く河《かわ》の流れは絶《た》えずして、しかももとの水にあらず

——鴨長明(『方丈記』)

口語訳は「川の流れはとどまることがなく、しかも、もとの水ではない」である。作者は鴨長明《かものちょうめい》(一一五五〜一二一六)、成立は一二一二年、時代は鎌倉時代、文学のジャンルは随筆、背景にあるのは仏教の無常観である。

神社の官位、さらには和歌や音楽界のメジャー街道からはずれてしまった長明は世捨て人となり、京都日野山中に方丈の庵を結び、ここで執筆したのが『方丈記《ほうじょうき》』である。

「行く河の流れ」を「宇宙の流れ」あるいは「いのちの流れ」と入れ替えてみよう。すると、次の行の、

「よどみに浮かぶうたかたは、かつ消え、かつ結びて、久しくとどまりたる例《ためし》なし」

が思わぬ展開をする。

「宇宙の中でいのちの流れは水泡《うたかた》のようなものだよ。そのつながりの繰り返しなんだよ」

となる。自分も父も母も祖父も祖母も宇宙の水泡

である。しかし、単独の泡ではなく、消えてはつながっていく泡なのである。泡のつながりは血縁だけではない。友人や知人、縁のない人とも時代を超えて、何かでつながっていくことができる泡である。

所詮、私たちは宇宙の水泡である。しかし、何かでつながりながら生まれ、何かを誰かに残しながら、消えていくのである。ま、こう考えれば必要以上にバタバタすることはない。

今、長明と私は『方丈記』でつながっている。

（村越英裕）

あかあかや　あかあかあかやあかあかや
あかあかあかやあかあかや月

――明恵（『明恵上人和歌集』）

高山寺の明恵《みょうえ》（一一七三～一二三二）の歌である。川端康成がノーベル文学賞をもらったとき、「美しい日本の私」と題して記念講演をした。その中でこの歌を日本美の一例として紹介している。そのおり、たしかサイデンステッカーが、これを次のように英訳していた。

O bright, bright,
O bright, bright, bright,
O bright, bright,
Bright, O bright, bright, bright,
Bright, O bright moon.

名訳なのだろうと思う。「あかあかや」も「オーブライト、ブライト」も、調子がよく覚えやすい。そして一度覚えたら忘れることはあるまい。それほど鮮烈な印象を与える歌である。明るい月光を浴びて、子供のように狂喜している明恵の純な心が現代の我々の心にも響いてきて、俗塵にまみれた心をきれいにすすいでくれるようである。

（山田昭全）

書きつくる跡《あと》に光りのかがやけば　くらき道にもやみははるらむ

――明恵（『明恵上人和歌集』）

この歌には〝なき人の手にものかきてと申ける人に、光明真言《こうみょうしんごん》をかきておくり侍《はべ》るとて〟という詞書《ことばがき》がある。

明恵

光明真言は、この天地宇宙のすべて、地・水・火・風・空・識の六大法身である大日如来の、遍く照らす光明で、悪を善に、醜を美に、地獄への道を浄土への道にと転換が成就するという真言である。

亡き人の手に光明真言を書きつけて、たとえその人が暗黒の路へ迷いこんでも、この真言の有難い光りの輝きは、その闇《やみ》を照らして浄土への道を歩めるだろうということである。

京都の高山寺にある、樹木の中で静かに瞑想される明恵上人の像と、この歌とをだぶらせる時、清浄一途な生涯を貫ぬかれたという上人の、何ともいえぬあたたかさが伝わってくる気がする。

（佐伯快勝）

明日《あす》ありと思う心の仇桜《あだざくら》　夜半《よわ》に嵐《あらし》の吹かぬものかは

――親鸞

親鸞《しんらん》聖人（一一七三～一二六二）は九歳の時、

伯父のとりなしで青蓮院の慈鎮《じちん》和尚という高徳に得度《とくど》（僧になる式）を受けたいと願い出た。慈鎮和尚は、快くお許しを下されて「明日、得度式をしてあげよう」と仰有《おっしゃ》った。すると親鸞少年は「得度式はぜひ今日、今していただきとうございます」と答えた。慈鎮和尚は「はやる気持ちは分かるが、そうあわてることもあるまい」とさとされた時、親鸞少年がこの歌を詠まれたということである。

「明日桜の花を見ようと思っても夜中に嵐が吹いて花が散ってしまったなら、花を見ることはできません。明日花を見ようと思う心ほどあてにならないものはございませせん」……慈鎮和尚はすぐさま得度式をして下さったとのことである。

私たちはこの世ははかない、いつ人のいのちは散るやも知れぬとはよくよく分かっているのだが、自分が今死ぬとはなかなか思えないものである。今どころか自分はあと何十年、少なくとも何年はまず大丈夫と思いがちなのである。この世がはかないことを他人《ひと》ごとでなく、自分の問題として直視せよとの親鸞聖人のみ教えと受けとりたい。

（有本亮啓）

仏《ほとけ》は常《つね》にいませども現《うつつ》ならぬぞあはれなる　人の音せぬ暁《あかつき》にほのかに夢に見え給ふ

（『梁塵秘抄』）

現代人は地獄・極楽について語るけれども、本当にその実在を信ずる人は少ない。それは人間が空想して作った世界にすぎない。死は無に帰すること。この生は一回かぎり。地獄に落ちたり、極楽に往ったりなどあり得ないと大方の人は暗黙のうちに思っている。そのような現代人には仏も閻魔も実在しないであろう。地獄の恐怖がなければ仏に救ってもらう必要もなくなるからだ。

掲出した『梁塵秘抄《りょうじんひしょう》』の歌——七五の句を四つ重ねた今様《いまよう》——を読むたびに、そうした現代人の唯物思想がはたして人類にしあわせをもたらしたのかどうか、はなはだ疑問になってくる。夜明けがたほのかに夢に現われる仏を信じて、この今様のようにおのれを純化していった平安人は、どれほどか心やすらかであったろうかと思わずにはいられない。後白河法皇《ごしらかわほうおう》（一一二七〜一一九二）が自ら編集した『梁塵秘抄』にはこうした清純なリズムの今様が少なくないのである。　（山田昭全）

ナニ事モヨロコビズ又憂《うれへ》ジヨ　功徳黒闇《くどくこくあん》ツレテアルケバ
——無住（『雑談集』）

無住《むじゅう》（一二二六〜一三一二）の『雑談集《ぞうだんしゅう》』巻一に載せる歌。「功徳黒闇」は功徳天と黒闇天。二人は姉妹の関係にあり、いつも連れだって行動している。姉の功徳天は幸福をもたらし、妹の黒闇天は不幸をもたらすという。したがって何か幸福にめぐりあった者は有頂天《うちょうてん》になっていてはいけない。いっしょにいる黒闇天がそのうちきっと不幸をもたらすであろうからと言うのである。

人間万事塞翁《さいおう》が馬《うま》という中国の故事がある。胡国に住む人の馬が国境を越えて逃げたことに端を発し、その馬の持主が幸福と不幸とを交互に体験するという話である。吉凶禍福はあざなえる縄のごとし、不幸が来たからといって絶望するな、幸福が来たからといっていい気になるなといういましめに使われる。

無住の歌は「人間万事塞翁が馬」の仏教版といったところであろうか。無住にはこうした訓戒歌

ともいうべき類の歌が少なくない。（山田昭全）

いにしへは心《こころ》のまゝにしたがひぬ　今は心よ我《われ》にしたがへ

――一遍（『一遍上人語録』）

『一遍上人語録』にみえる一遍《いっぺん》（一二三九～一二八九）の歌。弥陀を信じなかった昔は愚かな心の命ずるままに行動した。しかし弥陀に仕《つか》える身となった現在、わが心よ、我にしたがえという意である。「我にしたがへ」の「我」とは一遍の場合、弥陀一仏にすべてを託して踊り念仏に徹する彼自身をさすのであろう。とすると、この一首は、結局、みずからの心に向かって、すべてを阿弥陀仏にゆだねよと言いきかせた歌だと理解することができる。

『往生要集《おうじょうようしゅう》』大文五に「常に心の師となるべし。心を師とせざれ」の一文がある。人間の心を煩悩のかたまりとみて、その心に従ってはならぬ、仏道をもって心を導くところの師とせよというのである。また覚鑁《かくばん》作と伝える『孝養集』にも、『摩《ま》耶《や》経《きょう》』からの取意だとして「心よ心、昨日迄汝に随《したが》ひき、今日より我に随へ」という句がみえる。一遍の歌はこうした先行思想と密接に関連しつつ導かれたものであろう。（山田昭全）

さかりをば見る人おおし散る花の　あとをとうこそなさけなりけれ

――夢窓疎石

夢窓疎石《むそうそせき》（夢窓国師、一二七五～一三五一）は南北朝時代の臨済の高僧。両朝の和平に努力したり、中国との貿易に天竜寺船の派遣を足利幕府に建議した。造園の技術にもすぐれた才能を持っていた。

一日、将軍足利尊氏《たかうじ》が、疎石の築いた名園のある京都の西芳寺《さいほうじ》（通称苔寺《こけでら》）へ観桜に行きたいと申し入れた。夢窓は準備して待ち受けたが、その日は都合が悪くなって尊氏は出かけられなかった。数日後、暇を得て尊氏は西芳寺を訪ねたが、桜はすでに散っていたので尊氏は大いに落胆した。尊氏の心情を察した夢窓は、前記の一首を懐紙《かいし》に認《したた》めて尊氏に呈した。

夢窓疎石

その心は「おちぶれて袖《そで》に涙のかかるとき人のこころの奥ぞ知らるる」の古歌に通じる。尊氏は桜花を見れなかったが、散ることのない思いやりの真実の花を見得たであろう。

（松原泰道）

長くとも、四十《よそぢ》に足らぬほどにて死なんこそ、めやすかるべけれ

—吉田兼好（『徒然草』）

平均寿命が八十歳に達した日本で、四十にならないうちに死ぬのがいいのだと言ったら、袋だたきにあうに違いない。しかし人間の寿命がのびればのびるほどいいというものでもあるまい。世界一長寿国になったと得意になっているうちに、気がついたら世界一老醜の充満した、やりきれない国になっていたということにもなりかねないのである。

掲出の文は『徒然草《つれづれぐさ》』第七段にみえる。兼好《けんこう》

（一二八三？～一三五二？）が何を基準にして「四十に足らぬほどにて」と言ったか、よくわからない。「四十にして惑わず」と言った孔子を基準にしていないことだけはたしか。兼好は桜が大好きなのに、八重桜は大嫌いだった。清純でいさぎよい一重に対し八重はごてごてして散りぎわがみにくいからであった。四十前で死ぬのがいいとはこの桜の美学と共通するところがあろう。彼は執着を厳しく警戒する遁世者だった。（山田昭全）

花はさかりに、月はくまなきをのみ見るものかわ

——吉田兼好（『徒然草』第三七段）

作者の兼好は元役人で出家し、草庵生活を楽しんだ数寄人《すきびと》である。口語訳は、

「桜は満開、月は満月に限る、なんていう楽しみ方はやめよう」

ということである。

「桜が咲き、散っていく移り変わりにこそ風情があるよ」

「月が見えなくてもさ、心の中に月を描いて楽しもうよ」

というのが兼好である。もともと、日本文学には「四季を愛する」という趣向があり、兼好もこの流れをくんでいるのだが、「四季の推移の過程を愛する」のが兼好流なのである。現代語でいうならば、自然の写真鑑賞ではなくライブ鑑賞である。しかし、このライブ鑑賞には「生まれたものは滅んでいく」という無常観の会得《えとく》が必要である。無限の時の流れの中に有限のいのちを観じとるのである。

「花が咲いて散っていくのが面白い」

と感じるのではなく、

「花が咲いて散っていくのが面白いと観じる心の鍛練」

が必要なのである。そして、この無常観ライブは、

「よろずの事も、始め終わりこそおかしけれ」
（『徒然草』第一三七段）

とすべてに広がりをみせている。たとえば恋愛についても、

「うまくいくだけがいいんじゃないのさ。悲恋もまた一味あるものさ」

「〝思う人を待つ心〟〝忍ぶ恋〟にも醍醐味があるのさ」

と述べている。「無常観をバックとした移り変わりの美学」、これをマスターすると、見るもの聞くもの、人生そのもの、一日一日がドラマ化し、活気を帯びてくるのである。

（村越英裕）

雲をふむ峰《みね》のかげはしそれよりも　うき
よをわたるみちぞあやうき

——花園天皇（『新千載集』雑歌）

九十五代花園天皇《はなぞのてんのう》（一三四八年崩）が出家されて法皇になられてからのお歌である。「高い山の峰にかけられている吊橋《つりはし》を渡るのは危険この上もないが、それにも増して世を渡る歩みはさらに危い」と、人生の行路のむずかしさが詠嘆されている。

花園法皇とほぼ同時代に生き『徒然草《つれづれぐさ》』を書いた吉田兼好《よしだけんこう》法師にも「世の中はわたりくらべていまぞ知る　阿波《あわ》の鳴門《なると》に波風《なみかぜ》もなし」の一首がある。二首をあわせて読むと、この世の危さがなおはっきりする。

英国の十八世紀の随筆家アジソンも「人世は橋

を渡るに似ている。次々に谷へ落ちていく」という。しかし前記の二首は、もっと深い所で、橋を渡る危さを人間関係のむずかしさになぞらえている。

（松原泰道）

門松《かどまつ》はめいどのたびの一里塚《いちりづか》　馬《うま》かごもなくとまりやもなし

——一休（『一休噺』）

〝一休さん〟の呼称でなじまれている一休宗純《いっきゅうそうじゅん》（一三九四〜一四八一）が、正月三カ日に京都の街なかを、「御用心、御用心」といって頭骸骨を差し出して廻ったという逸話は、一休の死後二百年余を経た元禄十三年に刊行された著者不明の『一休噺《ばなし》』に見える。

一休が詠んだという頭記の道歌も同書にある。しかしこの本歌の下《しも》の句は、いつの頃にか「めでたくもありめでたくもなし」と変え歌にされたが、やはり本歌がすぐれている。

一休

馬かごやとまりやは、今なら交通機関とホテルや旅館となる。正月の門松を立てるごとに、死に近づく。乗物も宿舎も行路の標識もない死出の旅路のスタートが迫る事実に、昔も今も変わりはない。縁起の悪いことを言うのではない。「今を大切に生きよ」と言うのだ。

（松原泰道）

本《もと》より歌道《かどう》は吾国《わがくに》の陀羅尼《だらに》なり

——心敬（『ささめごと』）

天台宗の僧侶、心敬《しんけい》（一四〇六〜一四七五）は十住心院に住み、歌集や連歌集に「権大僧都《ごんのだいそうず》心敬」と記していることから、かなりの高僧であったことが知られている。しかし、『百首和歌』に「隠士釈心敬」、『岩橋』に「旅客隠士心敬」とサインしていることから、気持ちは西行や長明、兼好と同じような草庵生活を心掛けていたと考えられる。

　その心敬が中世文学論の代表作の一つである連歌論書『ささめごと』の中で記した和歌と仏教、両者の関係に対する本音が「本より歌道は吾国の陀羅尼なり」(「昔から和歌の道は日本のお経なのである」)である。つまり、歌道仏道一体論を展開しているのだが、

　「無常観が和歌や連歌の言葉として表現されなくてはならない」

　「どのような道を志しても、この世が無常であることを一時も忘れてはならないし、慈悲深く、広い心を持っていなければならない」(『ひとりごと』)

などに具体案が示されている。単に和歌や連歌に仏の教えや心が文字として表現されるのではなく、和歌や連歌を作る人そのものに仏の心がなくてはいけないのである。両者は別のものではなく一体であるという考え方である。歌の道を極めることが仏の道を極めることにも通じるのである。

　こうした考え方はすでに西行や俊成《しゅんぜい》、長明《ちょうめい》らによって提唱されていたことではあるが、室町時代、心敬は仏教を背景として連歌を極めていくという生き方を再度、提案したのである。現代風に置き換えれば仕事そのものに仏の教えがにじみでてくるということである。

（村越英裕）

気は長くつとめはかたく色《いろ》うすく　食細《しょくほそ》うして心ひろかれ

——天海（『慈眼大師全集』所取）

これは信長の焼打ちで全山焼失した比叡山延暦寺を復興し、新たに江戸に東叡山寛永寺を創建、徳川幕府の精神的支柱となった天海僧正《てんかいそうじょう》（一五七六〜一六四三）の歌である。徳川家康に求められて長寿法を伝授するために詠んだ歌だといわれている。そして自らも百八歳の天寿を全うしたが、寛永寺の創建に取りかかったのはすでに九十歳に達しており、日光東照宮の落慶法要を勤めたのは、亡くなる三ヶ月前のことだった。

今の時代、切れるのは若者だけでなく、中高年の自殺者が急増している。いつも何ものかに追われている気がして、忙《せ》わしない世の中である。少しのんびりする必要があるのではないだろうか。仕事はやはり本業で地道に努力するのが、本来的在り方である。バブルがはじけてみて、地道に努力を重ねた企業と、安易に儲けようと土地や株に走った企業とでは、天国と地獄の差が出ている。特別な才能がある少数の人は別だが、私たちはまず堅実が第一である。

また自由の名のもとに、いろいろな誘惑が迫ってきている。不倫などという、法にも触れない耳ざわりの良い言葉で、身を亡ぼすような悪魔が近づいているのに、自己実現などと陶酔している人がいる。長寿どころか破滅が待っていることを知るべきである。

テレビをつけると、なんと食物に関する番組が多いことだろうか。今、生活習慣病が私たちの一番の敵になろうとしている。飽食の結果である。

日本人の食べ残した量で、八千万人もの食糧をまかなえるという。そして心は狭くなり、自分の子どもすら閉め出して、虐待する始末である。

この歌は現代人にとって長寿の歌でなく、いかに人間らしく毎日を送るかの指針ではないだろうか。

（杉谷義純）


まだ立《たた》ぬ波の音をばたたえたる　水にあるよと心にてきけ

——沢庵宗彭（『山姥五十首』）

沢庵宗彭《たくあんそうほう》（沢庵禅師、一五七三〜一六四五）が、謡曲「山姥《やまんば》」の中の詞を選び、禅意をこめた詠草の一首。見た目に、今は静かだがその水面にいつ波が起きるかわからない。鏡のように穏やかに湛えた水に、やがては立つであろう波音を心にて聞け——と。歌題は「無生音《むしょうおん》」。

無生は、生じないという否定の意味でなく、聞くとか聞こえないとかという相対的な考えを越えた、いわば人間のはからいのない状態をいう。耳でなく心で聞け——と。白隠の「隻手《せきしゅ》の音声《おんじょう》」に通じる。

人生論でいうなら、何ごともない心に突如として怒りや悲しみの風波がいつ生じるか知れない。しかし波浪の旁《つくり》の皮や良をとれば、あとは静かな氵扁の水だけだ。怒や悲の奴や非を除けるなら、残るのは心そのものだ。

（松原泰道）


生きながら死人《しびと》となりてなり果《は》てて　思いのままにするわざぞよき

——至道無難

至道無難《しどうぶなん》（一六〇三〜一六七六）は、美濃（岐阜県）関ヶ原の宿場町で、本陣宿の長男とし

至道無難

て生まれた。つとに無常を感じることが多く、早くから仏教に親しんだ。

京都妙心寺の愚《ぐ》堂《どう》和尚に出会ってからは出家したいと願ったが、家業を継いでゆかねばならない。そこで、大酒を飲んで放言し、遊蕩三昧の暮らしを実行した。やがて家人も親族も困り果てて愛想を尽かす。五十三歳の時、ついに出家得度することができたという。

後に江戸麻布の東北庵に住し、自ら至道庵主と称した。

無難が日ごろ人々に説いたことは、ただ、

「身をなくす」

という一事ばかりだった。その語録『即心記』を見ると、「仏道を問う人に」と題して、

「身をなくすなり。身に八万四千の悪あり。身なければ大安楽なり。じきに神なり。じきに天なり。我家には仏というなり」

とある。

「常に何も思わぬは、仏のけいこなり。何も思わぬ物から、何もかもするがよし」

とあって、その次に冒頭の和歌が記してある。

和歌で説いたものは多く、

主《ぬし》なくて見聞覚知《けんもんかくち》する人を
　生き仏とはこれをいうなり

主ありて見聞覚知する人を
　生き畜生とはこれをいうなり

など、身を思う心あるが故に、迷って事実を正しく見られぬのだと説いた。

（形山睡峰）

日に増《まし》て己《おの》が心の清《きよ》ければ　空《そら》なる月も身《み》も円《まどか》なる

——円空

円空《えんくう》（一六三二〜一六九五）は各地を回国し、独特な仏像を彫り、はなはだくせのある和歌を作った。掲出した歌は岐阜県武儀《ぶぎ》郡洞戸村《ほらどむら》の高賀神社で発見された千五百首余の歌稿の中の一首。この歌稿は神社に収蔵されていた古写経補修の裏打ちに使われていた。

補修者円空は神に法楽和歌をささげる意識でもってわざわざ自作の歌稿を料紙に用いたのであろう。彼はそうした宗教的行為を通じて、みずからの心が円満清浄な月のごとく輝いていると感じた。そこに心月輪《しんがちりん》の発現をみたのであろう。さらに下句に自分の名円空の二字をさりげなく読み込み、日空月円を縁語の意識で結び合わせている。

そういえば彼の彫る仏像はほとんどまるみをおびて、ほほえんでいる。その名といい彫刻といい、それにこの一首といい、彼は強い円志向を持った僧だったと思う。

（山田昭全）

十《と》とせあまり百《もも》の萬《よろず》のぬかづきも　仰《あお》ぐと見てや空《そら》にうくらん

——契沖（『契沖家集』）

契沖《けいちゅう》（一六四〇〜一七〇一）は江戸時代前期の古典学者。本居宣長によって大成される国学の基礎は契沖が確立したと言っていい。その契沖が熱心な弘法大師信奉者であったことはあまり知られないが、この一首がよく示している。詞書《ことばがき》に「弘法大師を久しうをがみたてまつること、終はれる時に読める」とある。彼は十三歳のとき高野山に入り十年間修行をつんだ。この歌はそのおりのものではなかったかと思う。

十年間で百万回弘法大師にぬかづいたが、大師は私の讃仰の心をお認めになって、空のかなたで受納されたであろうと歌っている。十年間で百万回というと一日約二百七十回、朝昼晩三回礼拝したとして毎回九十回、五体投地《ごたいとうち》をした計算になる。これは容易ならぬ修行であり信仰であった。

私は契沖の学問の内側では人間の心の源底に迫ろうとする空海の方法が応用されていたと見ている。この一首はその見方をがっちり受けとめてくれる。

（山田昭全）

月日《つきひ》は百代《ひゃくだい》の過客《かきゃく》にして、行《ゆ》きかう年《とし》もまた旅人《たびびと》なり

——松尾芭蕉（『奥の細道』）

江戸時代初期の俳諧の革新者、旅と草庵の俳人、芭蕉《ばしょう》（一六四四〜一六九四）の代表作『奥の細道』の書き出しである。

「月日とは永遠の時の流れを行き交う旅人である。そして、一年一年と月日が過ぎていくのもこれまた、旅人なのだ」

芭蕉は「永遠に終わることのない時の流れ」を旅人にたとえ、その流れの中でほんの一部にしかすぎない「限りある私たちの時間」もまた旅人であると表現したのである。長明や兼好が無常観としてとらえた時の流れを旅としてとらえたのであった。さらに、旅をしていない人も、

「舟に乗って一生を過ごす人や、馬の轡《くつわ》を取って老いていく人もまた、日々の生活という旅をしているのです」

と人生そのものを旅ととらえたのであった。

そもそも『奥の細道』に代表される芭蕉の旅、

さらに人生という旅は一体、何なのだろうか。それは自分自身を発見する旅なのである。つまり、

「人生は自分をみつける旅である」

「人生は自分を訪ね歩く旅人なのである」

こう考えることのできる人が芭蕉と同じ旅人になることができるのだ。永遠の時の流れの中で、私たちはほんの短い時間を使って自分探しの旅をしているのである。

（村越英裕）

商売が両手を打ってなるならば、隻手《せきしゅ》の
声は聞くに及ばず

——白隠

白隠《はくいん》（一六八五～一七六八）は江戸中期の臨済の禅僧で、現代の日本の臨済禅の系譜はすべて白隠の法系を汲《く》む。白隠は数多くの公案《こうあん》（参禅の命題）により修行者を指導した。初心者には「隻手《せきしゅ》の声《こえ》を聞け」との公案を与えた。両手合わせて打ってこそ音を発する。隻手《せきしゅ》（片手《かたて》）だけでは音も声も出るわけがない。その隻手の音声を聞けと工夫させ相対的発想を超えさせる。

ある商人がこれを聞いて「白隠の隻手の声を聞かんより両手を打って商《あきな》いをせん」と冷笑した。白隠がそれに応《こた》えたのが上記の一首だ。商売が両手を打っ（叩い）て鳴（成）ると決《き》まっているなら、修行も信心も不要だが、順境が続くとばかりは限るまい——と。

一説にこの一首は、女性の弟子阿察《おさつ》が隻手音声の公案で開悟した心境を詠じたのだと。

（松原泰道）

まる〳〵とまるめ〳〵よわが心　まん丸
丸く丸くまん丸

——木喰五行

木喰《もくじき》上人（一七一八～一八一〇）は五十六歳の

木喰五行の自刻像

とき日本全国を行脚《あんぎゃ》する大願をおこし、九十三歳で示寂するまで、北は北海道から南は鹿児島に至るまで、文字通り全国くまなく行脚し、行った先々であの独特なほほえみをたたえた仏像をきざみ残した回国聖《ひじり》として名高い。

木喰さんは仏像ほかに和歌も作った。柳宗悦《やなぎむねよし》はこれを蒐集して二百五十首ほどにまとめているが（柳宗悦全集第七巻所収）、掲出の歌はその中の一首。

木喰さんは丸いことが大好き。生涯彫り続けた仏像がすべて丸味を持っているように、その歌もまたまん丸である。この歌、口ずさんでいると、ころころ、ころころ、ころがり続けて、とどまるところを知らない。同音を反復した歌では明恵《みょうえ》の「あかあかや」が有名だが、それについで感銘深いのはこの木喰さんの「まるまると」であろうと思う。

（山田昭全）

ともかくもあなた任《まか》せの年のくれ

——小林一茶（『おらが春』）

一茶《いっさ》（一七六三〜一八二七）といえば「痩蛙《やせがえる》まけるな一茶ここにあり」という無邪気な句を想像する。

しかし、このようなほのぼのとした句とは反対に、一茶の人生そのものは恵まれたものではなかった。信濃の農家で生まれた一茶は三歳で生母と死別、八歳の時に継母から冷遇され、十四歳で祖母が亡くなり、江戸へ奉公に出るものの辛い日々が続く。二十五歳の頃、俳人を目指し、四国旅行などもするが、一家をなすことはできなかった。

さらに父の死によって義母、義弟との間で壮絶な遺産相続をする。また、結婚生活では二度妻をむかえ、三男一女を失うという悲劇にも襲われる。

しかし、生まれては次々に亡くなっていく子供たちの姿から、五十七歳になった一茶は人生に対する落ち着きを見い出す。そんな心境を表現したのが、

ともかくもあなた任せの年のくれ

である。すべては阿弥陀さまにおまかせしますという心の拠り所である。こうした、信仰の背景には信心深い父の影響があるのだが、六十二歳の春を迎えては、

弥陀仏のみやげに年を拾ふかな

と、老いて死んでいく自分の歳を楽しんでいる。

一茶の不幸は続く。中風になり、三度めの結婚、まもなく大火に遭遇し、焼け残った土蔵の中でみじめな生活を送る。それでも、

送り火や今に我らもあの通り

と、六十五歳で亡くなる前年、死や苦難を客観視し、今を安住できる境地を詠んでいる。

さまざまな不幸やもめごとなどは避けたいものだが、それにもめげずに年とともに〝ほのぼの〟と生きたいものである。それには一茶が観じた「生かされている自分との出会い」これが、楽しく年をとる秘訣に違いない。

(村越英裕)

宿《やど》かさぬ人のつらさをなさけにて　おぼろ月夜《づくよ》の花の下ぶし

——蓮月尼

江戸の後期に観音菩薩のように京都の人々に拝

まれたほどの高徳の尼僧太田垣蓮月《おおたがきれんげつ》（一七九一～一八七五）だが、彼女がその境地に達するまでには幾多の苦難を越えたのである。特に四人の愛児をつぎつぎ失うという絶望のドン底につきおとされ、念仏の信仰によって漸《ようや》く立ち直ることができ、信仰の深まりと共に往生を確信し、必ず愛児たちと極楽で会えると信じきれるようになった蓮月は、苦しみの中にありながら、苦しみを苦しみとしない境地にまで達することができたのである。その真骨頂とも言えるのがこの歌だろう。

旅先で一夜の宿を乞うたが、みすぼらしい姿のため、すげなく断《ことわ》られる。しかし決して相手を怨《うら》むことなく、むしろそのことをおかげと喜び、ぼんやりかすんだ月の夜、月花を愛《め》でているのである。誠に菩薩の心そのものである。（有本亮啓）

お医者さん　いかんいかんと申せども
いかん中にも　よいとこもあり

——山岡鉄舟

山岡鉄舟《やまおかてっしゅう》（鉄太郎、一八三六～一八八八）は剣士であるとともに禅の真髄に達し、剣禅一致の妙境を究めた。勝海舟とともに官軍と徳川幕府との和平を斡旋したことで知られる。

晩年に胃がんを病むが、鉄舟は平生と変わることなく前記の狂歌を詠む。「いかんいかん」は胃がんのかけことばでもある。彼は最後まで、いらいらしたり、かんしゃくを起こすことはなかった。

「いかん中にもよいこともあり」は、字の表では、悪い中にもよいこともあるのだが、その奥には、病中もまた修行の場だとの禅心が示されてある。

鉄舟の辞世は「腹張りて苦しき中に明けがらす」である。それは「いかん中にもよいこともあり」を受けた句でもある。

（松原泰道）

入れものがない両手で受ける

――尾崎放哉

昔、中国に許由《きょゆう》という人がいた。無一物で、水を飲むにも手ですくって飲むのを見て、ある人が水筒がわりにせよと瓢箪《ひょうたん》を贈った。あるとき瓢箪を木につるしておいたら風に吹かれてからから鳴った。許由はその音がうるさいといって瓢箪を捨て、また手ですくって水を飲んだ。『徒然草』の十八段に載っている話である。

尾崎放哉《ほうさい》（一八八五～一九二六）は明治四十二年に東大法学部を卒業後、銀行マンとして身を立てたが、酒のために職を失い、無一物のどん底生活に身を落とした。京都の一燈園《いっとうえん》、神戸の須磨寺《すまでら》などを転々し、小豆島《しょうどしま》の南郷庵にようやく安住の地を見出した。しかしその間に知人や友人にしばしば金銭等の無心をしている。

掲出の句はこれ以上失うものがない無一物となった放哉をすっぱりと言い表わしている。放哉はもがきながら無一物の状況に追い込まれていった。許由は進んで無一物となった。両者の差は大きいが、しかし逆境でももがく放哉はそれだけ強烈に自己の生存を認識し得たことであろう。

（山田昭全）

死をひしひしと水のうまさかな

――種田山頭火

伊藤整が『近代日本人の思惟形式』というエッセーの中で、人生を懐疑する無頼派の作家などが、放蕩のあげく、この世の利害を断ち切っていよい

種田山頭火

よ死を迎えようとするとき、今まで否定してきた人生が、急に美しく見えてくることがあると書いている。たしかに人の世は、その利害の渦《うず》にもまれている最中には憂《う》きものでしかないが、渦の外に出て、殊に死という自己存在を否定する意識を介在させてながめるとき、にわかになつかしく、いとおしい色どりをおびはじめる。

種田山頭火《たねださんとうか》（一八八二〜一九四〇）は山口県の大地主の出身。家業（酒造業）の失敗で一家離散し、妻子とも離別した。出家して曹洞宗の僧となり、流浪行乞《るろうぎょうこつ》の余生を送る。荻原井泉水《おぎわらせいせんすい》に師事、句作は自由律によるが、いちじるしく宗教性をおびた作風で注目された。

ふだん無味なる水も、死線をさまよう者にとっての一杯は、たしかに甘露であるに違いあるまい。「遍路行」の中の一句である。

（山田昭全）

ひたすらに謙虚《けんきょ》に行《ぎょう》ずただ行ず　つゆいささかのはからいもなく

——葉上照澄

比叡山に伝わる無比の荒行といわれる、千日回《かい》峰行《ほうぎょう》を満行した葉上照澄《はがみしょうちょう》阿闍梨《あじゃり》（一九〇三〜一九八九）は、東大で西洋哲学を学び、その後、大正大学で教鞭をとっていた。そして僧侶にはむしろ批判的な目を向けていた。ところが愛妻を失い、その時、教え子たちが無心で一生懸命読むお経に、大きな感動を覚えたのであった。これを契機に人生を百八十度転換、回峰行に挑んだのである。

この歌は、その行中に体得した境地であるが、阿闍梨はその精神を一生涯貫き通した。すなわちライフ・ワークである世界平和のために、この精神で全力投球をしたのである。愚直に、真正面から、なんのはからいもなく突き進む熱意は、時には壁にぶつかっても、やがてそれを乗り越え、道を開いていった。中東シナイ山における、カトリック・イスラム・ユダヤ三教の合同礼拝という宗教史上未曾有《みぞう》の快挙を実現させたことが雄弁にそれを物語っている。

葉上照澄

今の世の中、計算、掛け引き、さらに情勢分析など、はからいが多すぎて、かえって本質を見失いがちである。またこの歌の「行ず」とは単に修行をすることだけでなく、目的を定めたら、それに向かってひたすらに努力をすることをいっている。もちろん人間だから迷いも挫折もあるだろう。しかし結果をすべて仏にあずける信念、そこから生まれた歌なのである。

比叡山麓・坂本の東南寺境内に歌碑が建てられている。

（杉谷義純）

菜《な》の花やさらに抛《なげう》つものもなし
——中川宋淵

中川宋淵《なかがわそうえん》老師（一九〇九〜一九八四）臨終間近の絶唱が、

菜の花やさらに抛つものもなし

である。この句は茶人千利休《せんのりきゅう》居士の辞世「人生七十　力囲希咄《リキイキトツ》　我這《コノ》宝剣　仏祖共殺《ブッソトモニコロス》　提《ヒッサ》グル我《ワガ》

中川宋淵

得具足《トクグソク》の一ッ太刀　今此時ぞ天に抛《ナゲウ》つ」を、老師は写されて、そのあとにご自身の悟境を示されたものである。

千利休は千家流茶の湯を創め、わび茶を大成したが、秀吉の怒りを買い七十歳で自刃する。利休は大徳寺の古渓《こけい》和尚に三十年間も参禅した禅の達人でもある。辞世に、愛用の茶筅一太刀を「抛つ」が、やはり気にかかる。宋淵老師の「さらに抛つものもなし」に、怨親を超えた禅茶の一境がうかがえる。「菜の花」は季語だが、怨親の止揚が香っている。

（松原泰道）

露《つゆ》の世《よ》は露の世ながらさりながら（古句）

所詮、露の世、たかが露の世なんだけど、さりながらと、いちど拾いあげて、認めなおして、はかない露の世をはかない露の世なりに精一杯充実して生きてみる、活かしてみる、ということ。これは原点的なことで、人生上とても重要なキーポイントだと私は思う。

「心よくわれに働く仕事あれ、それを仕遂げて死なんと思う」と、これは石川啄木《たくぼく》の心意気。「ガチャガチャガチャガチャ鳴くより外ない」と、これは山頭火《さんとうか》のメッセージ。鳴いても一夜鳴かなくとも一夜ということ。「やがて死ぬ気色も見せず蝉の声」これは芭蕉《ばしょう》の句。「たとえこの世の終りが明日でも、オレは今日木を植える」というのもあった。

そう、露の世は露の世ながらに、それだけにつかの間の縁《えにし》をかみしめて味わいとって生きていきたい。所詮一度きりの二度とない長いようで短い、短いようで長いこの一生だ。この身今生《みこんじょう》において度せずんば、またいずれの生《しょう》においてかこの身を度《ど》せん、の心意気だ。（長澤普天）

叢雲《むらくも》のかかればかかれわれは月（古句）

「弥陀頼む人は雨夜の月なれや　雲晴れねども西にこそ行け」という古歌もある。西にこそ行け、で西行《さいぎょう》法師の歌だと伝わっているが定かでない。

まあそれはともかく、弥陀本願の光明摂取を頼みとする願往生心の行者にとっては、叢雲のかかるもかからぬも、雨夜であろうとなかろうと、晴れてよし、曇りてもよし、雨天けっこう、よろずけっこうの決定《けつじょう》の信こそが肝要なんだということである。西に傾いた木は枯れようと朽《く》ちようと西へ倒れるもんだということであろう。

「根をしめて風にまかせる柳かな」というのも、信根の張りようをうまく言うてある。「気に入らぬ風もあろうに柳かな」というのも肩の力がぬけてスイスイと軽くなる感じだ。要は中空を西に渡る月の行く手をはばむものはない、はばむことはできないという、自然法爾《じねんほうに》の成り立ち仕組みそのものにかかわっていることである。

いらん心配はしないでいい、迷うこといらんのである。「月天心貧しき町を通りけり」であり、「月天心どこもかしこも真葛原」だ。（長澤普天）

西向くさむらい生尽《しょうつ》きて　いざ御七夜《ごしちや》の十王経《じゅうおうきょう》（名文句）

二四六九（西向く）と十一が士（さむらい）で、

小の月を呼ぶ符諜《ふちょう》だった。それなら大の月を呼ぶ符諜もあっていいと、それで一三五七八十、十二の大の月ばかり読みこんだのが「いざごひちやの十王経」というわけだ。十一が十と一を合せて士（さむらい）としたので、その士の上に一をのせると王という字になる。去来の句に

鴨《かも》鳴くや弓矢を捨てて十五年

がある。人殺しの道具の弓矢をたばさんでたさむらいが弓矢を捨てて十五年、西向くさむらいとなる。西は西方極楽浄土、西に心を向ける人柄となる。まあ、さしずめ坂東の荒武者・熊谷次郎直実《くまがいじろうなおざね》というところか。無常を悟って法力房蓮生、坂東のアミダぼとけ、念仏の行者となる。その西向くさむらいも生が尽きて大往生、小の月が生の尽きという縁語だ。

生が尽きて、はいお終《しま》いではない、死んだらチョンというのではない。生尽きたあと残ってある一大事は、いざ御七夜の十王経だ。いざは勧める掛け声。御七夜は七日七日の追善供養。あとのおまつりだ。それも十王経にうたってある十の関門通過のための仏事奉仕が大切だぞよ、とまあ、これで小と大の月を全部読み込んでの口伝うたというわけだ、口授心伝の口伝である。（長澤普天）

《付篇》

大乗十来《だいじょうじゅうらい》

石川　洋

大乗十来

一、富貴は慈悲より来る。
二、福徳は善根より来る。
三、無病は信心より来る。
四、愛敬は忍辱《にんにく》より来る。
五、智恵は精進より来る。
六、高位は礼拝より来る。
七、短命は殺生より来る。
八、病身は不浄より来る。
九、貧窮は慳貪《けんどん》より来る。
十、患盲は破戒より来る。

私がこの大乗十来をはじめて眼にしたのは、臨済の名刹、三島の龍沢寺《りゅうたくじ》であった。中川宋淵《そうえん》老師に御案内をいただいて僧堂の食堂に足を踏み入れた時、山本玄峰老師の筆による大乗十来の扁額であった。禅機にみちた書に魅せられたこともたしかであるが、衆生愛に根をおろされた老師の広大な心がひしひしと身に迫るものを覚えたからである。後になって作者不明の自戒であることを知らされ、その導きの深さに気づかされ、身近なものとして心にあたためてきたのである。

幸福を追い求めて私たちは生きている。しかし、そう簡単に幸せになる道は見出せるものではない。むしろ、幸福を追いながら、そのうらはらに不幸の谷間におちていくのが人生の常である。それは、幸福になる道の求め方に問題があるからである。

私たちは、幸福になれる道と、不幸におちる道とが別にあると思っている。しかし、幸福になれる特別な条件があるのではない。幸福になるのも不幸になるのも別な道があるのではなく、その人の生き方にあるのである。

一燈園《いっとうえん》の西田天香《てんこう》さんは「無一物に無尽蔵の世界」があるといわれ、わが心の母、無手の聖尼・大石順教尼は、体が不自由なことがけっして不幸ではない、「禍福一如」の世界を身を以って示して下さった。幸せになろうという自己中心の生き方から、ささげる生き方に変わっていくならば、幸福は求めるものではなく、向こうから近づいてくるものである。その自己の生まれ変わりの生き方を、この「大乗十来」はわかり易く、また迫力をもって教示しているのである。「心浄ければ浄土近し」と法華経もしるしている。

「大乗」という言葉は、しばしば「小乗」という言葉と対比をされるが、この比較は大乗仏教の立場から区別をされる用語であって、正しくは「上座部《じょうざぶ》仏教」として扱わなければならない南方仏教であろう。法華経の根本精神に「一乗法妙」という教説がある。一切万物を一つに乗せる平等の救いを示したものであろう。そうした教えから見れば、大乗とは、凡てのものを乗せる大慈悲の教えと実践を意味するものと受けとめるべきであろう。

一、富貴は慈悲より来る。

富とは外側の豊かさを意味するものである。その豊かさが貴くなければならないというのであるから、「ゆるされて生きる」と受けとめたい。慈悲の心にとって大切な基本は「悲」にある。他のいのちをいただかなければ生きることのできない、存在の根生にある悲しみを知らない愛に、いのちの共感と共存はない。

師・天香さんは「力で奪ったものは力で奪い返えされ、金で取ったものは金で取り返され、欲で取ったものは欲で取り返される。そのことに気づく人は少ない」としみじみと語って下さった。生きるのではなく、生かされている大いなるお働きに目覚めること、更には、生かされている慈悲心に対して、許されて生きる、自己を捨てて、他にまごころをつくす道を実践しなければならないのである。

二、福徳は善根より来る。

福とは、内側の眼に見えない心の豊かさをいう。裸で生まれて来たものは裸でこの世を去っていく。私たちの生存の一つの原理である。にぎやかな仕事をして来たようであっても、この世を去る時には、自分の墓の穴の大きさしか掘ってもらえないのである。したがって、忘れてはならないことは、裸から生きることのできる真実の道を見出さなければならないということである。

世尊はそれを「無財の七施」として、善根の夕ネまきをすることの一道を示して下さったのである。そして、この身近な「眼施、口施、顔施、心施、働施、宿施、席施」の働きは、実は他に働きかける前に、自分の生き方を変えることの宗教的実践のありようを示されているのである。自分の生き方、生活を変えること、「他にうらやましがられない生活をするだけで、立派な御奉仕である」と天香さんは教えられている。

三、無病は信心より来る。

衣・食・住が生活安定のかかせざる要素であるが、仏教ではそれに薬事を加え「四事」としての人間生活の安らぎを説いている。生まれ身の人間には体を癒《いや》す手だてが必要なのである。仏教にはそれに応えるための「薬師如来」が設定されている。薬師仏の衆生への本願をみると、「来世に菩提心を願ずれば十の功徳が現われる」と説かれている。病むことによって、病むことのない真実の自己に目覚めるならば、そこに御浄土が現われるという仏の方便なのであろう。

良寛さんは「病いに遭う時には、病いに遭うがよく候」と言われているが、まさに信心を得るということは、病いにあう時には、病いを逃げず、病いを大きく受けとめて、病みながら〝病い無し〟の心境をひらくことにあるのである。

四、愛敬は忍辱より来る。

今日よく使われる用語に「コンセンサスを得る」という協議一致の言葉がある。また、一般的に「理解をする」という、他と共に生きるための姿勢がある。しかし、理解という言葉はもともと日本文化にはなかった言葉で、理――ことわりを、牛の角を刀にしてひらくという、欧米の分析学から日本語に訳されたものである。日本文化の底を流れる一致の原理は、敬うこと、尊敬することにあったのである。拝んでいけば拝めるものが見えてくるのである。

戦国の北陸武将、朝倉義景《よしかげ》は「一人の人を使う時には二人のものが辛抱していることを忘れてはならない。上の者は下の者のいたらなさに辛抱し、下の者は上の者のいたらなさに辛抱している。だから互いに辛抱し合って助けあっていく時、いざという時の力が生まれてくるのである」と遺訓をのこしている。忍辱は同胞同行の一体感にある。

五、智恵は精進より来る。

一般に知識と智恵があって、迷わぬ行動の方向が定められると思いがちであるが、この大乗十来はその順は逆であって、精進がなければ判断は生まれないものであることを示唆しているのである。

浄土宗では、修行の過程を五つに分けて弟子たちに教えている。

一、掃除。二、勤行《ごんぎょう》。三、精進。四、智恵。五、忘行。

見事な順序である。今日の青少年の非行の原因の一つに、勉強をさせることに子供の尻をたたき、母親が、子供がなさなければならない日常の仕事を、みんな代わってしてあげているために、人間としての大切な努力性、共調性、自発性が欠けることによる弱さが原因しているといわれる。精進とは、努力や体験の重さに加えて〝つづける〟ということの大きな自己開発の要因があるのである。東井義雄《とういよしお》先生は「つづけていけば本物になる」と言われているが、智恵が先行しては本物になれないのである。

六、高位は礼拝より来る。

社会の安定は端的にいえば、上下の関係の秩序にあるといえよう。そういう見方からすれば、「高位」は「上の立場」を意味するものである。しかし、その働きは上からものを見るのではなく、下の立場にある人をどう生かすことができるかという大切な役目があるのである。

天香さんは「上から見ると邪魔になる人が出てくるが、下に降りると全体を生かすことができるものです」と言われている。また、松下幸之助さんは「上に立つものは、下のものに自分の欠点をさらけ出して、下の人に教えてもらいなさい。それが人を生かすことである」と語っておられる。従業員を労働者としてグチる管理者は、十倍も二十倍も従業員からグチられている管理者であることに気づいていないのである。親もまた、「子の恩」があることを忘れてはならない。教育は「拝育」でなければならない。

七、短命は殺生より来る。

それぞれのいのちを現わすのに「寿命」という言葉がある。寿命とは、生まれたときに決まっているとされる命の続く期間をいう。いうならば、与えられたいのちを全うすることが、それぞれに大切な生き方なのである。その寿命をいきいきとしたものとして全うさせるためには、①自分のいのちを大切にすること。②他のいのちを大切にすること。③物のいのちを大切にすること。と自戒している。

「父母の又父母は我身なり、我れを拝せよ我れを敬せよ」と二宮尊徳さんは歌われている。自分であって自分でないいのちの重さに気づくこと。生きるとは共に生きることであって、そのためには、分かち合うため他を先に思う生き方が大切なのである。また、物を捨てて省《かえり》みない時代になったが、物を捨てることによって「心を捨てている」のである。短命はまた人類の滅亡を意味するのである。

八、病身は不浄より来る。

玄米食の先駆者、二木《ふたき》謙三博士は「健康十訓」を提唱しておられる。

一、食うことを少なくし、噛むことを多くせよ。

二、乗ることを少なくし、歩むことを多くせよ。

三、着ることを少なくし、浴びることを多くせよ。

四、悶ゆることを少なくし、働くことを多くせよ。

五、怠けることを少なくし、学ぶことを多くせよ。

六、語ることを少なくし、聞くことを多くせよ。

七、怒ることを少なくし、笑うことを多くせよ。

八、言うことを少なくし、行うことを多くせよ。

九、取ることを少なくし、与えることを多くせよ。

十、責めることを少なくし、褒めることを多くせよ。

健全な身と心を養うことが大切である。

九、貧窮は慳貪《けんどん》より来る。

江戸の商人、白木屋呉服店の創造者・大村彦太郎可全は、至道無難《しどうぶなん》禅師の薫陶《くんとう》を受けた人物である。その商人の家訓に「商《あきな》いは高利をとらず正直に良きものを売れ末は繁昌」という道歌をのこしている。

高利をとらないということは、お客さんの立場に立つこと。正直にとは、うそをつかないこと、約束事は損得を離れること。良きものを売れとは、不良品の責任をとること。末は繁昌とは、場あたりの儲けのための商いをしてはならないこと。商いも人生も、損に対してまごころを尽くすことを忘れてはならない。その道をはずれるところに慳貪が生まれるのである。

十、患盲は破戒より来る。

「うたたねも叱る人なき寒さかな」という古い句がある。

師・天香さんが亡くなられてから二十年の歳月が過ぎた。最近、反省などというものは、どこかで自分をかばっている甘さがある、自己欺瞞《ぎまん》をまぬがれないものであることを痛感した。師に叱られての自分であったことを勿体なく恥ずかしく思ったことである。私なぞは、風邪を引いていても、うたたねから覚めない状態にいるのである。

愛に迷うということは、愛する人に迷うのではなく、自分の愛にひきずられるからであるということを聞いたことがある。見えるものが眼前にありながら見えていないのは、人間らしい道を歩んでいないからである。

師を失ってしみじみ思うことは〝自らを叱る言葉〟を持つことの大切さに気づかせられたことである。私は私なりの五つの自戒を自分に問い聞かせている。それも、大乗十来のお導きであると感謝をしている。

五観《ごかん》の偈《げ》・禅の食事訓《くん》

中根　専正

はじめに

現今の日本は飽食《ほうしょく》の時代といわれるが、人としての日常生活に最も大切な言葉は荒れ、食事の作法も乱れて来ている。

中国の儒者程伊川《ていいせん》いわく、「言語をつつしみ、その徳を養《やしな》い、飲食を節《せっ》して、その体を養う。事の至近《しきん》にして、つながるところ至大《しだい》なるは、言語・飲食より過《す》ぎたるはなし」と。

フランスの有名な調理研究家、ブリア・サヴァラン氏は、その著『美味礼讃《びみらいさん》』に、

一、生命なければ、宇宙も無《む》に等しい、されば、生きとし生けるものはみな食をとる。

二、禽獣《きんじゅう》はくらい、人間はたべる。教養ある人にしてはじめて食べ方を知る。

三、国民の盛衰はその食べ方のいかんによる。

四、君はどんなものを食べているか言ってみたまえ、君がどんな人であるかを言いあてて見せよう。

と述べている。

最近、日本や海外でも、菜食や低カロリー食、禅門の食事などが見なおされて来ている。

今ここに永平寺を開かれ、日本に正しい禅仏法を伝えられた道元禅師が、釈尊より正伝の坐禅の真髄よりお説きになった食事訓の中から、最高の調理師（典座《てんぞ》）の心構えとしての「三心《さんしん》」について、またそのような食事をいただく修行僧の自覚

としての「五観《ごかん》の偈《げ》」と、食事作法（テーブルマナー）の一端について述べてみたい。

このような禅の食事訓は禅門の人にかぎるわけではなく、広く一般人の日常生活に応用してゆくならば、家を興し、国を富まし、世界を平和ならしめる源《みなもと》となることであろう。

調理師の三心

道元禅師は、『典座教訓《てんぞきょうくん》』の最後に、調理師（典座）たるもの、また修行僧の頭、となる人は、すべからく、喜心《きしん》・老心《ろうしん》・大心《だいしん》という三つの心がけを持たねばならないと説かれた。

一、**喜心**とは、喜悦《きえつ》の心、感謝の心である。この世において最も尊いものは、仏・法・僧の三宝である。今、私は幸にして三宝に供養する食事を調理することができるとは、何という幸せなことであるかと、心に喜び、感謝することである。

二、**老心**とは、たとえば父母の心（老婆親切《ろうばしんせつ》心《しん》）で、父母はわが身のことを何もかえり見ず、一心にわが子を愛念《あいねん》する。そのように、調理人は食料や器物、受食者をわが身、わが子の如く、親切に大切に扱うべきである。

三、**大心**とは、大山や大海の如く、大きく広く、片よらず、とらわれのない心である。「大山は寸土もゆずらず」とか「大海は細流《さいりゅう》をえらばず」というように、どんな粗末《そまつ》なものでもこれを捨てず、どんな材料でも生かして利用することである。

この三心は裏をかえして言えば、人を迷わし、健康を害し、世を乱す三毒《さんどく》（三悪道）といわれる、貪欲《とんよく》の心、瞋恚《しんい》（怒りうらむ）の心、愚癡《ぐち》（おろかな、片よった考え）の心を離れた、仏・ボサッのさとりの心でもある。

一家の健康を司《つかさど》る世の母親方や調理師の方々は、調理に当たって、わが子のため、人のため、世のために、ひいては自分自身のためにも、ぜひともこの三心を持っていただきたいものである。

五観の偈

如何に最高に調理された栄養の高い食事でも、これをいただくわが身が健康でなく、心が病んでいては何の価値もないことになる。蝮《まむし》が水を呑めば、相手を殺害する猛毒ともなる。牛が水を呑めば、相手を生かすミルクともなる。

道元禅師は『赴粥飯法《ふしゅくはんぽう》』という食事訓において、仏道を修行し、完成された人（さとりを開いた人）となるには、最高の調理がなされた食物を、最高の心構えと、理法にかなった作法（テーブルマナー）によって、これをいただかなければならないとお示しになった。『赴粥飯法』の最初に、禅師は『維摩経《ゆいまぎょう》』の文を引用されている。

「もしよく食《じき》において等《とう》なる者は、諸法《しょほう》もまた等なり。諸法等なるものは、食においてもまた等なり……」と。

食事がみ仏の禅心や作法にかなう如くいただける者（等者）は、すべての事柄（諸法）においても、み仏の心や行いの如く正しく完成されたものとなる。その逆に、すべての事柄において仏心・仏行《ぶつぎょう》ができる人は、食事においても、最高の心構え、理法にかなったマナーができる。食事も仏道も一等《いっとう》・一如《いちにょ》で、一事が万事（一法究尽《いっぽうぐうじん》）であるとの意味である。

禅門における食事の心構えや具体的食事作法について、ここでは禅師の『赴粥飯法』の中で一般によく知られている、食事の心構えを説かれた

「五観の偈」と食事作法の一部を紹介する。

五観の偈（詩句）は、唐代の南山道宣《なんざんどうせん》律師が四《し》分律《ぶんりつ》の行事鈔《ぎょうじしょう》の中にまとめられたもので、後に宋代の黄庭堅《こうていけん》（山谷《さんこく》居士）が、官吏《かんり》たちの食事訓に、多少文字をかえて依用し、崇寧二年の頃、長《ちょう》蘆宗頤《ろしゅうい》禅師が、『禅苑清規《ぜんねんしんぎ》』を編したとき、食事訓（赴粥飯法）の中に入れた（面山《めんざん》禅師の『受食《じゅじき》五観訓蒙《ごかんくんもう》』による）。

道元禅師はそれらを依用されて、原文と多少異なる五観の偈をお示しになった。原文は漢文であるが、今は和文にしてみる（一般の読み方と多少かえてみた）。

一《ひとつ》には、功《こう》の多少《たしょう》を計《はか》り、彼《か》の来処《らいしょ》を量《はか》る。
二《ふたつ》には、己《おのれ》が徳行《とくぎょう》の全欠《ぜんけつ》・応供《おうぐ》を付《はか》る。
三《みつ》には、心《しん》を防《ふせ》ぎ過《とが》を離《はな》るる（こと）は、貪《とん》等《とう》を宗《しゅう》（むね）と（な）す。
四《よつ》には、正《まさ》に良薬《りょうやく》を事《こと》と（するは）し、形枯《ぎょうこ》を療《りょう》ぜんとす（療ぜんが為なり）。
五《いつつ》には、成道《じょうどう》の為《ため》の故《ゆえ》に、今此《いまこ》の食《じき》を受《う》く。

仏道を修行する目的は成仏《じょうぶつ》にある（道元禅師においては、修証《しゅしょう》は一等《いっとう》・一如《いちにょ》であるから、修行はそのまま成道でもある）。そのためには、日々健康な身心をもって修行にはげまなければならない。

身心の健康（形枯《ぎょうこ》を療治《りょうじ》する）のためには、栄養のある材料と、良く調理された食物（良薬）を、正しい心構えと作法によっていただかなければならない。

今ここにいただく栄養高い材料（お米や野菜など）は農家の方々や商・工の多くの人々の多大の（多少の少は助字）労力（功《こう》）によるものであり、また調理する人々の心をこめた（三心のこもった）栄養食に由来（来処）することを、よくよく計量《けいりょう》（思いやる）し、感謝せねばならない。

それにしても、かかる栄養食をいただく我々は、それにふさわしい（応供《おうぐ》）立派な修行（学行）をしているかどうか（徳行《とくぎょう》の全缺《ぜんけつ》）、よくよく自己反省（付《はか》る）をすべきである。

自己反省の根本（宗《むね》）とするところは、貪《とん》（むさぼり）・瞋《じん》（怒り）、癡《ち》（おろかな片よった考え）の三毒についてである。食事についても、何事にも、わがままで、むさぼり、その欲望が満足されぬからとて腹を立て、うらみ、はては愚かな、一方的勝手な考えや行動に走ったりしてはいないか、よくよく反省し、仏の心、さとりの心、喜心・老心・大心に立ち帰らねばならない。

この五つの反省・観察は、約すれば、第三観の一つに帰するともいえる。

食事の作法

何事も心が本であり、そこからしてそれにふさわしい行動が生まれてくる。禅師は『永平清規《えいへいしんぎ》』において、釈尊が示された教団の日常生活の威儀《いい》作法《ぎさほう》（エチケット・マナー）について、数々のお示しをなされているが、『赴粥飯法』において、四分律などにまとめられた百種学法《ひゃくしゅがくほう》（シクシャーカーラニー＝学処・学法・応当学などと訳す）の中や、中国の南山律師の『二時食法』、また『三《さん》千威儀経《ぜんいいぎぎょう》』などの中から引用され、食事作法について細かくお示しになっている。その中で、避けるべき不作法《ぶさほう》な行いの主なものを述べてみる。

ご飯をほじくって食べる。まわりをキョロキョロ見まわす。ご飯を無理に口におしこむ。遠くからご飯を口にほうりこむ。食べのこしをする。パクパクと食べる。食べながら手をふりまわす。ひじを膝《ひざ》について食べる。鶏《にわとり》のようにご飯など掻《か》き散らす。ご飯を高く盛り上げる。ご飯を多く盛ってこぼす。汁かけご飯にして食べる。おかずや香のものをご飯に入れて食べる。早く食べて、おかわりをほしげに待つ。身体を左右にゆり動かしたり、膝《ひざ》をかかえ、立膝《たて》したり、せのび・あくび・鼻をかむ。口をおおわずにクシャミする。食物のかすや核《さね》を人目のつくところにおく。隣人の残りものをもらう。ほしいものを大声で人にたのむ。食物を口中にしてモグモグと物言う。舌づつみを打つ。息を吹きかけて温めたり、さます。……

この外《ほか》、食事のマナーについて、

一口の食も三口ぐらいにして食べるようにする。こぼしたものはナプキンに押《お》し集めて食後浄人《じょうにん》（ウエイター）にわたす。食中の虫などは左右に吹聴《ふいちょう》せず、そーっと取り去っておく。食事中に唾《つば》をはかぬ。残飯《ざんぱん》などを持ち帰らない。食器をこすったり、カチャカチャ音を立てぬ。湯水《ゆみず》湯水を含《ふく》んでガラガラと音を立てない。口に入れた湯水を食器に吐《は》いたり、露地《ろじ》（外）に吐かない。ナプキン（洋巾）で顔や手を拭《ぬぐ》ったりしない。……

洋食のテーブルマナーも、もとは仏教の食法に範《はん》をとったものであるという。洋の東西をとわず、正しい調理と、食事の心構えや作法により、健康と平和のある世界にいたしたいものである。

良寛の戒語九十ヶ条

森　正隆

良寛さまの日常生活は、〔優游《ゆうゆう》トシテ名状《めいじょう》スベキナシ〕と、解良栄重《けらよししげ》氏はその著『良寛禅師奇話』の中に書いておられる。だから無闇に他人に説教したり、人前で訓戒を与えたりすることは無かったようである。ところが良寛さま、いつの間にか十八種の戒語を書いておられたのである。その全部を拝見した訳ではないが、日日の生活のちょっとした心得、心掛、言葉づかいなどについて、それはもう心憎いばかりの鋭い観察力であり、只々驚くばかりである。

国上山《くがみやま》の五合庵《ごごうあん》時代の戒語の項目は、せいぜい五、六から十前後だが、山を降りて島崎の木村家にお移りになった頃より、俄《にわ》かに急増したようである。というのは村人との接触の機会が一度に多くなったからだと思う。

法弟貞心尼《ていしんに》さまが書き遺された記録「蓮《はちす》の露」に収めた良寛禅師戒語の数は、なんと九十ヶ条となった。私の拙い解説を添えて、その全文をここにご紹介して置こう。

一、**ことばの多き。**　ペラペラと息もつかずにしゃべりまくるな。

一、**とはず語り。**　人が聞きもせんのに、自分からしゃべり出すこともなかろう。

一、**手がら話。**　自分の手柄をいばり顔してしゃべるな。

一、ふしぎ話。　考えも及ばぬ奇妙キテレツな話をするな。

一、人の物いひきらぬ中にものいふ。　二人が同時にしゃべり出したらどうなる。

一、能《よ》く心得ぬ事を人に教ふる。　世に先生、師匠といわれる人、耳ほじくって聞け。

一、はなしの長き。　読んで字の如し、人生は電光朝露のまばたきの中にあり。

一、ついでなきはなし。　なにが先やら後になるやら、順序立てて、筋を、追うて……。

良寛

一、いさかひ話。　おれが、われが……が口論のもと、まずは己の頭を冷やして。

一、へらず口。　余計なことを言うな、負け惜しみ言うな、じじむさし、きたならし。

一、たやすく約そくする。　できるかできんか、よく考えた上で約束せよ。

一、口のはやき。　舌の回転スピード落とせ、舌の早巻きはやかましくイライラする。

一、さしで口。　出しゃばって口出しするな、口をはさまれた側に立ってみたら……。

一、公事の話。　表だった事柄や公務に対して、私事をまじえるなと解してみるが。

一、公儀のさた。　公儀の沙汰、お上の命令には心して対処せよ、時代背景厳しい。

一、ことばのたがふ。　時によって別々のことをいとも平気で話す。鉄面皮の厚顔。

一、物いひのきはどき。　どっちともとれるすれすれの危っかしい話、国会答弁。

一、かうしゃくの長き。　説明やら意義等をくどくどやられたら辛棒たまらん。

一、自まん話。　する方は気持ちええだろうが、聞かされる方はうんざり、げっそり。

一、物いひのはてしなき。　いつ果てるとも知れぬ長話には閉口、生命短し心せよ。

一、子どもをたらす。　子供をだましたり、そのかすのは最も大きな罪と心得よ。

一、ことごとしく物いふ。　大げさな話、ことさらの話は鼻もちならぬでのう。

一、いかつがましく物いふ。　いかめしいごつごつした話、大層らしい話も叶わぬ。

一、その事のはたさぬうちに此事をいふ。　言動伴わぬは不信のもと、着実に。

一、しめやかなる座にて心なく物いふ。　通夜や葬式の高笑いなど、処わきまえぬ罪。

一、酒にゑひてことわり。　一杯機嫌で理屈を言うな、酒はうれしく飲むに限る。

一、悪しきと知りながらいひとほす。　知りながらするのは無知に等し、汚職頻発。

一、ひき事の多き。　引用例が多きに過ぎると、本論がぼやけて話の本題何処へ？

一、親《しん》せつらしく物言ふ。　見せかけだけの善意、好意は直ぐ化けの皮が剥《は》げるぞ。

一、へつらふ事。　見えすいたご機嫌取りや、べんちゃらなんぞは胸クソが悪い。

一、人のかくす事をあからさまにいふ。　他人のプライバシーはそっとしてあげよ。

一、腹立てる時ことわりをいふ。　頭に血をのぼせて理屈言うな、どうせ支離滅裂。

一、己が氏素姓を高き人に語る。　「人はその出生により聖ならず、行為による」

一、ことばとがめ。　他人の罪や過失を口でポンポン非難をするな、逆効果になる。

一、見る事きく事を一つ一ついふ。　こんな話し方は、意外に興味をそそらない。

一、こどものこしゃくなる。　こしゃくな子供の親御をみれば、たいがいこしゃく。

一、首をねぢて理くつをいふ。　おのれ一人真実を知ってるような理屈の表現態度。

一、おしのつよき。　その時は効を奏するかに見えても、後に悪感情が尾を引く。

一、好んでから言葉をつかふ。　から言葉とは唐言葉、つまり外国語はキザで臭い。

一、都言葉をおぼえしたり顔にいふ。　私はみんなより文化水準が高いとでも……。

一、説法の上手下手《じょうずへた》。　良寛さまは、きっとお説教が上手でなかったんでしょうや。

一、ことわりのすぎたる。　いくら理屈が正しうても、長過ぎたんでは面倒ください。

一、人のはなしのじゃまする。　邪魔をした人はええ気持ち、された方コン畜生！

一、事々に人のあいさつをきかうとする。　ご丁重なのもよいが、物事ほどほどに。

一、さきに居たる人にことわりをいふ。　理屈いうなら前後と左右、よく確かめて。

一、人のこと聞きとらず挨拶する。　対話はシーソーゲーム、キャッチボールだ。

一、ものしりがほにいふ。　知ったかぶりはごめん、そんな奴ほど肝心の事知らん。

一、あの人にいひてよき事をこの人にいふ。
相手見てモノを言え、人見て法説け。

一、あなどる。　見下げるな、軽くみるな、バカにするな、けいべつするな。

一、**顔を見つめて物いふ。**　まじまじ人の顔みつめるな、不審尋問やあるまいし。

一、**はやまり過ぎたる。**　古諺にいわく〝あわてる乞食はもらいが少い〟の類か。

一、**推《お》し量《はか》りの事を真事なしている。**　真事とは一〇〇％の確実性が必要なんじゃが。

一、**さしたる事もなきをこまごまといふ。**　それほどでもない事微々細々に言うな。

一、**役人のよしあし。**　良寛さま、これは言うなということですか、それとも……。

一、**わかい者のむだばなし。**　若いときゃ二度とないのをご存知なのはお年寄。

一、**ひき事のたがふ。**　引用例が脱線したら、主題のはなしはくもかすみとなる。

一、**いきもつきあはせず物いふ。**　聞き手も息して話聞いてることをお忘れなく。

一、**くちまね。**　よい口真似ならともかく、悪いのは下品であり、お下劣である。

一、**ね入りたる人をあはただしくおこす。**　急いで起こさにゃならん理由をよく考え。

一、**よく物のかうしゃくをしたがる。**　知ってること言わぬと馬鹿にされるとでも。

一、**老人のくどき。**　わが意に従わせようとて繰り返しうるさく言う、うるさいな。

一、**こわいろ。**　オウム、インコじゃあるまいに、人間は万物の霊長だったハズ。

一、**めづらしき話のかさなる。**　事実は小説より奇なりとか、重なっては奇奇奇……。

一、**人のことわりを聞きとらずしておのがことをいひとほす。**　同時対話は回線混線。

一、**ゐなか者の江戸言ば。**　東京弁のどこがええのか、もとをただせば坂東田舎節。

一、きゝ取りばなし。　受け売り話は誰も買うてはくれん。自分で買うのが関の山。

一、わざと無ざふさにいふ。　いんぎん無礼とわざと無造作とは背中合わせ要注意。

一、学者くさき話。　本当の学者先生は学者くさい話はなさらぬ。臭い奴がする。

一、さしてもなき事を論ずる。　そんなヒマあらば布団敷いて寝た方が余程、健康的。

一、幸の重なりたる時物多くもらふ時、有り難き事をといふ。　一人静かに喜べ。

一、くれて後人《のち》にその事を語る。　やったやったと言われるぐらいなら返しちまえ。

一、あひだの切れぬ様に物いふ。　休止符も音符の中、間のないのは間抜けか!?

一、説法者の弁をおぼえて或はさう致しました、所でなげきかなしむ。　「初心忘るべからず」人間慣れると感銘うすれてあらぬところでしっぽを出す。

一、さとりくさき話。　本当にさとった人は、さとり臭き話はされぬ。臭い奴がする。

一、くはの口きく。　くわとは桑、桑とは僧、在家者が僧みたいな口をきくな。

一、あくびと共に念仏。　精神衛生学上、悪いとは言えんが、心得としては不届千万。

一、あういたしました、かういたしました、ましたくのあまり重なる。　いくら丁寧な言葉がよいというても、反復繰り返しが過ぎると耳ざわりで不快。

一、はなであしらふ。　フフンと鼻先で応答する奴は、誠意のない見本のような。

一、しかたばなし。　身ぶり手まね過剰は気持ちを散らす、まごころこめて話そう。

一、口をすぼめて物いふ。　ボソボソ、モグモグは不平不足不満に聞こえるゾ。

一、品に似合はぬはなし。　やたら上品ぶるな、下品ぶるな、品は身についたもの。

一、よく知らぬ事を憚《はばかり》なくいふ。　はばかるとは遠慮、遠慮のないのはハナつまみ。

一、人にあうて都合よく取りつくろうていふ。　ご都合主義者はチトあてにはできぬ。

一、貴人に対してあういたしまする。　敬語のチャンポンは陳腐なこと限りなし。

一、風雅くさき話。　本当の風流人は風雅くさき話はせぬ。くさい奴がする。

一、人のきりやうのあるなし。　器量は才能、さすれば器量負けをどう解釈する？

一、おのれがかうしたく。　何でもかんでも己の手柄にしたら他人はそっぽむく。

一、茶人くさき話。　本当の茶人は茶人くさき話はせぬ。くさい奴がする。

一、ふしもなき事にふしを立つる。　肩肘《ひじ》はらずに流すところは流そうやないか。

一、人に物くれぬ先に何々やろうといふ。　ゴタゴタ言う前にさっさとやったら――。

水の五則

松原　泰道

「水五則」という五ヶ条からなる教えが昔からある。作者は定かではない。一説には、桃山時代の名将の黒田孝高《よしたか》といわれるが確証がない。孝高は雅号を「如水《じょすい》」というが、如水は雅号というよりも、むしろ彼自身の「心の名」として名づけたように思われる。なぜなら、如水とは〝水のように〟だから、水のように生き、水のように地に接して生きたい、との彼の願いを表わした言葉である。こうした意味あいから水五則が如水の作品に擬せられるのだろう。

いずれにしても、学ぶことの多いよい教えなので、次に学んでいく。

一、みずから活動して他を動かしむるは、水なり

というと、とかく指導意識が目立つ。そうではなく、自分の願いとして目立たぬように密《ひそ》かに実行することに解そう。私はその心構えを、念仏行者の甲斐和里子《かいわりこ》さんの

ひと葉づつ落ちるもみじ葉ひと葉づつ　ふもとへおくる谷川の水

に学びたいと思う。谷川の水が無心に流れて落ち葉をふもとへ導くように、さりげなく先頭に立って案内したいものである。

二、常におのれの進路を求めてやまざるは、

水なり

水が腐らないためには、常に流れていなければならない。停滞すると清水でも腐敗する。人間も同じのようである。いつも進歩を求める人は、思うように事が運ばなくても、いわゆる〝くさる〟暇がない。愚痴をこぼしてくさる人は、いつでも同じ所に停滞して、先きへ進もうとしないからである。

東京・芝の増上寺の法主《ほっす》をおつとめになった故椎《しい》尾《お》弁匡《べんきょう》大僧正は九十五歳の長命を保たれた高僧だが、上人は高齢になってもつねに勉学をつづけられた。上人は七十四歳のとき

ときはいま　ところあしもと　そのことに
うちこむいのち　とわのみいのち

と詠んでおられる。「いま・ここに自己を完全に燃焼させる生き方が、永遠に充実した一生につながる――」と。「とわのみいのち」は阿弥陀仏に通じる。

三、障害にあって激しくその勢力を百倍し得るは、水なり

流れて止まぬ水も、時として障害に出合うこともある。山から流れ出る谷水が大川になるまでには、さまざまの障害につき当たる。先きに紹介した甲斐和里子さんは、晩年を瀬戸内海の孤島で念仏三昧に余生を送られた女性の歌人だが、彼女はまた詠じる。

岩もあり木の根もあれどさらさらと　たださらさらと水の流るる

しかし固い岩壁に当たると、水はそこで力を貯えるのである。現在、ダムや堤防工事で最も注意するのが、底辺や側壁に及ぼす水圧だそうである。

水圧が高まると堅固なコンクリートの壁も打ち破られるからである。

四、みずから潔《きよ》くして他の汚濁《おだく》を洗い、清濁《せいだく》あわせいるる量あるは、水なり

きれいな水でないと汚れが洗えないのは原則である。しかし洪水で汚れた家の羽目板や家具は、浸水が引かぬうちにその泥水で洗わないと後にしみが残るという。医療に逆療法があるのに似ている。

「清濁あわせいるる量」は、水の度量で俗に言う「清濁あわせ呑む」徳を示唆《しさ》する。

五、洋々として大海をみたし、発《はっ》しては霧となり、雨雪と変じ、あられと化す。凍《こお》っては、玲《れい》ろうたる鏡となり、しかもその性を失わざるは、水なり

液体の水も、摂氏〇度以下では固体の氷に、一〇〇度では気体となる。水は、水素二・酸素一の分子式で化学的に示されるが、形体は雨・あられ・雪・氷など十六種に変わる。しかし水の本性に変わりないことは、古人が「雨あられ雪や氷と距《へだ》つれど溶くれば同じ谷川の水」と教える通りである。

私たちの心も、縁によって変わりずめに変わるが、その本性に変わりないことを、白隠禅師は「衆生《しゅじょう》本来仏《ほとけ》なり」と教えられる。人間の本性は仏性《ぶっしょう》（ほとけのこころ）で、その仏性の自由な機《はた》能《らき》を「水五則」から、このように学べる。

石徳《せきとく》五訓

中野　東禅

石徳五訓は、永平寺の熊沢泰禅《くまざわたいぜん》猊下の書とともに、多くの人々に愛された名言である。この作者はどなたかは不明だが、くりかえし読んでいるうちに、ふしぎと肚《はら》の底にいのちが充実してくるのを感じるのである。

石とか土とかいうものは、永遠なるものからの呼びかけを感じさせてくれる。土に坐り、石に坐って心浄められた詩人や信仰者はたくさんいる。今私たちも、石にふれ、石に坐り、石を見つめてみよう。

一、奇形怪状《きけいかいじょう》無言《むごん》にして能《よ》く言うものは石なり。

私たちの身のまわりには、人間の便利のために作られたものが満ちあふれている。それらは、利用価値のあるものだ。

しかし利用価値だけで全てをわりきれるだろうか。私というもの一つとっても、会社で利用できるところだけしか認めてくれないことが、私たちを苦しめているのだ。私は私であって何ものにもかけがえはないのである。役に立つだけが私ではない。いのちは無条件である。頭がはげるのも、白髪になるのも、お腹が太くなって、若い者からばかにされようと、私は私なのである。

人の役に立つようにだけ作られたものは見あきてしまう。しかし、ゴツゴツした石を見ていると、人間世界の価値をこえた安心感をおぼえる。

それを呼びかけ語りかけてくれる石の言葉は力づよく、ご都合や損得を打ちのめしてくれる。そして世間の価値観に見すてられ傷ついた人に勇気をもてと語っているのである。

二、沈着《ちんちゃく》にして気精永《きせいなが》く土中に埋《うず》もれて大地の骨と成るものは石なり。

気が短く、あわてもので、功をあせる。そんな生き方をしていないだろうか。己が人生をふりかえるとき、仕事への関わり、結婚、子育て、友人づきあい、親に対して子としてどうだったか、いずれをとっても、目先きのものに使役されていなかったろうか。死に直面したとき、己が人生を真に満足しうるだろうか。

自己の生存のたしかさをよろこべるような人間こそ、気精永く、家族や社会の土台として埋まりうる人、大地の骨となりうる人なのだろうと思う。自分もそうありたいと、思わせられるのである。

三、雨に打たれ風にさらされ寒熱《かんねつ》にたえて悠《ゆう》然動《ぜんどう》ぜざるは石なり。

禅の書で『六祖壇経《ろくそだんきょう》』というものがある。その中で、六祖慧能《えのう》禅師は〝外、一切の相を離るるを無相といい、諸境に染まざるを無念といい、前境を思わず相続せざるを無住という〟と言っているが、外界の刺激にふりまわされ、環境にこだわり(染)、それをいつまでも引きずって、うらみやいかりを増幅してしまうのが私たちである。

雨、風、寒、熱とは何だろうか。家族のいさかい、職場の人間関係、就職、進学の受験戦争、同僚や親族の批判悪口、借金、ローンの苦しみ。想い出してみると限りなくある。

そうした中で一喜一憂して、ふりまわされていなかっただろうか。そうしたときこそ〝平常心〟が必要であろう。石はそれを語りかける。

四、堅質《けんしつ》にして大廈高楼《たいかこうろう》の基礎たるの任務を果《はた》すものは石なり。

永平寺に安居《あんご》しているとき、山門の下を通ると、太い柱の下に広がる礎石にいつもふしぎな思いをしたものである。

ふつうの建物では礎石は大部分建物にかくれてしまう。ところが、山門のたくさんある柱のうち、中央の数本は柱だけが石の上に乗り、天井にすいこまれるほど高いところへのびて天井を支えている。きれいに並んだ長方形の他の石だたみと同じ平らになっているが、そこだけが自然石で不規則な形のまま礎磐と丸柱を支えていて、びくともせず、それでいて何かせいせいとしていて力《りき》みや重量を感じさせないのに、何ともいえない気持ちにさせられたものだった。

そして、あの礎石は今も変わらず大地に埋まり山門を支えている。何百年もそうであったように、これからもずっと支えつづけるに違いない。……私の人生を省みるとき、何がしかの、かけがえのないものの支えになれたら、それこそ生きたあかしなのだ、と思うのである。

五、黙々として山岳庭園などに趣《おもむ》きを添え人心《じんしん》を和《やわ》らぐるは石なり。

岩手県の三陸地方で岩山に道をつけた鞭牛《べんぎゅう》という僧を取材したとき、岩山が人を拒絶するすごさを味わったことがある。岡山県倉敷の玉島の円通寺の岩、広島県尾道の巨岩もよかった。九州中津の羅漢寺の岩山もよい。そして国東《くにさき》の熊野の磨《ま》崖《がい》仏、普光寺の磨崖不動尊もすてきだった。

岩は土や樹木や草々とよく和し、霧や雲と和して人の心に何かを与えてくれる。のぼせや、怒りや、おろかさを忘れさせてくれる、ふしぎな功徳をもっているのである。その岩石に学び、息長く生きたいものである。

仙厓《せんがい》の老人六歌撰《ろうじんろっかせん》

藤原　東演

仙厓禅師　老人六歌撰

しわがよる。ほ黒《くろ》が出来る。腰曲る。
頭がはげる。ひげ白くなる。
手は振ふ。脚はよろつく。歯はぬける。
耳はきこへず。目はうとくなる。
身に添《そ》ふは頭巾《ずきん》、襟巻《えりまき》、杖《つ》へ、目鏡、たんぽ、
をんしゃく、しゆひん、孫の手。
聞《きき》たがる。死《しに》とむながる。愚痴《ぐち》になる。
出しゃばりたがる。世話やきたがる。
くどくなる。短気になる。淋しがる。
心はまがる。口よだれくる。
又しても同咄《おなじはな》しに子を誉《ほ》める。達者自《たっしゃじ》まんに
人はいやがる。

（『仙厓語録』三宅酒壺洞編・文献出版）

瓢逸洒落《ひょういつしゃらく》の禅僧として親しまれた仙厓禅師（一七五〇～一八三七）は、老醜を戒める、「老人六歌撰」を書したといわれる。

最初の二歌は避けがたい老化現象。人間の老化は、医学的には、成長が止まったとき、つまり二十歳ぐらいから、その一歩が始まっているという。年を取ったら、急に老化するものではないのである。もし年を取りたくなかったら、若死にするしかない。肉体の老化は諸行無常で抗しがたいが、努力することで、磨かれるものも人間にはある。

国民教育の父といわれる森信三先生は、九十近

い今日でも人間教育への情熱は一向に衰えなかった。その活力の源泉はどこからくるのかと問われ、「日常生活における動作の〝俊敏《しゅんびん》〟さ」を強調された。年を取ると、なにごとも億劫《おっくう》になる。だから雑事を如何に巧みにさばくかが大事で、ハガキの返事はすぐ片付けるようにしているそうである。雑事を疎《おろそ》かにすると、次第にあれもこれもしていないといらいらし、気が重くなってくる。逆に雑事をひとつひとつ仕上げていくと、心は整理され、活力が湧いてくるものである。

第三の歌は、肉体が衰えてくると、若いときは不要だった衣類や道具などの助けがいるようになること。とくに冬の寒さは年寄りには応《こた》える。たんぽとは湯タンポ。をんしゃくは、寒いとき石を火で熱し、布で包んで身体を暖かくする温石のこと。しゅひんはしびん。

最近は「美しく老いる」という言葉をよく耳にする。そう言えば、若々しく着飾る老人、いや熟年も増えた。確かにそうした装いは気持ちをはなやいだものにしてくれる。でも厚化粧し、はでな装いをし、人目もはばからず大声でおしゃべりしている老婦人に、新幹線で乗り合わせたりすると、がっかりしてしまう。

志賀こう子さんは、『祖母、わたしの明治』の中で、美しく老いるという言葉に疑問を投げかけている。彼女の祖母は事あるごとに老いは汚いものであるかを、徹底的に説いたという。例えば白髪は汚いものだといって、髪のあと始末にはとくに気を配り、〝残りのすがた〟の大事なことを身をもって示した。

「厳」という字には「うつくし」という読み方がある。見かけだけを美しく飾らず、人目のつかないところで、人としてなすべきことをする、その厳しさから、自《おの》ずと美しいものが醸《かも》し出されてくるのではないだろうか。志賀さんの祖母は老いの厳しい自覚によって、そういう確かな美意識を身につけられたのに違いない。

第四の歌から最後まで、身体の老化に伴う、心の老醜。仙厓禅師は老醜を遠慮なく暴《あば》いている。自己点検してみると、そのいくつかは思い当たることばかり。四十を越えたばかりだからと若さに傲っていた私を、心の老醜は確実に侵食していた。

先年亡くなられた歌舞伎の中村勘三郎さんは、心の老醜を全く感じさせない方だった。

亡くなられる一年前の秋、勘三郎さんは「京舞」という舞台のために、わざわざ京都まで出掛け、井上八千代さんに稽古をつけてもらった。踊り終わって、「お師匠さん、ありがとう。あがっちゃって、ホラ、こんなに汗が」と勘三郎さんは青年のように目を輝かせた。

映画評論家の淀川長治さんも勘三郎さんのすばらしい人間性を紹介している。あるパーティーで、勘三郎さんの顔があんまり若いので、淀川さんが思わず、「わかいですすねえ」と声をかけると、笑顔で、「だって役者ですもの」と、サラッと答えられたそうである。普通なら、「いいえ、もう年ですから」と、ありきたりの返事が返ってくるだけなのに。淀川さんは、この勘三郎さんの言葉に、役者の誇りと義務と責任を教えられたという。思うに、今日、自分の仕事に誇りと責任と義務を忘れている人間が如何に多いことだろうか。

仕事の誇りと義務と責任の三つは、人生の志《こころざし》から生まれる。志を立てることも難しいが、志の持続はもっと難しい。志の持続には、己れの未熟さの断えざる自覚と、自分だけでなく多くの人の幸福を思う誓願が不可欠である。勘三郎さんはまさに志を持続した人だった。この志の持続から、はつらつと生きる力が何ごとも柔軟に受けとめ、見かけだけの美しさにまどわされない、豊かな智慧が輝き出すのである。この智慧こそ心の老醜を浄化してくれる。

現代の若者や子供は志を持たないと言われる。彼らはもう心の老醜に冒《おか》されているかもしれない。仙厓禅師がもし現代に生きていたら、「子老青老六歌撰」を作り、戒めたに違いない。

登場人物索引 〔太数字は見出しのある頁〕

あ行

か行

さ行

執筆者一覧

朝《あさ》野《の》倫《りん》徳《とく》／茨城・阿弥陀寺副住職

東《あずま》　隆《りゅう》眞《しん》／金沢・大乗寺山主

荒《あら》　了《りょう》寛《かん》／天台宗ハワイ開教総長

有《あり》本《もと》亮《りょう》啓《けい》／大阪・大鏡寺住職

石《いし》川《かわ》　洋《よう》／托鉢者

上《うえ》田《だ》本《ほん》昌《しょう》／身延山大学名誉教授

庵《おお》谷《たに》行《ぎょう》亨《こう》／立正大学教授

梶《かじ》村《むら》　昇《のぼる》／亜細亜大学名誉教授

形《かた》山《やま》睡《すい》峰《ほう》／茨城・菩提禅堂堂主

亀《かめ》井《い》　鑛《ひろし》／同朋新聞編集委員

川《かわ》口《ぐち》高《こう》風《ふう》／愛知学院大学教授

紀《き》野《の》一《かず》義《よし》／正眼短期大学副学長

小《こ》島《じま》岱《たい》山《ざん》／華厳学研究所長

佐《さ》伯《えき》快《かい》勝《しょう》／京都・浄瑠璃寺住職

佐《さ》藤《とう》俊《しゅん》明《みょう》／前千葉龍光寺住職
・1997年没

杉《すぎ》谷《たに》義《ぎ》純《じゅん》／東京・円珠院住職

鈴《すず》木《き》格《かく》禅《ぜん》／前駒澤大学名誉教授
・1999年没

須《す》田《だ》道《どう》輝《き》／長崎・天祐寺住職

田《た》上《がみ》太《たい》秀《しゅう》／駒澤大学名誉教授

田《た》中《なか》典《のり》彦《ひこ》／仏教大学教授

長《なが》澤《さわ》普《ふ》天《てん》／京都・阿弥陀寺住職

中《なか》根《ね》専《せん》正《しょう》／前鶴見女子高校校長
東京・福昌寺東堂

中《なか》野《の》東《とう》禅《ぜん》／曹洞宗総研講師
武蔵野大学講師

廣《ひろ》澤《さわ》隆《たか》之《ゆき》／大正大学教授

福《ふく》田《だ》亮《りょう》成《せい》／大正大学教授

藤《ふじ》本《もと》浄《きよ》彦《ひこ》／佛教大学教授

藤《ふじ》原《わら》東《とう》演《えん》／静岡・宝泰寺住職

本《ほん》多《だ》静《しず》芳《よし》／武蔵野大学助教授
東京・万行寺住職

松《まつ》濤《なみ》誠《よし》達《ひろ》／前大正大学学長

松《まつ》原《ばら》泰《たい》道《どう》／南無の会会長

松《まつ》原《ばら》哲《てつ》明《みょう》／東京・龍源寺住職

松《まつ》本《もと》寧《やす》至《し》／二松学舎大学名誉教授

三《み》友《とも》健《けん》容《よう》／立正大学教授

村《むら》越《こし》英《えい》裕《ゆう》／沼津・龍雲寺住職

森《もり》　正《しょう》隆《りゅう》／全国良寛会会員

山《やま》田《だ》昭《しょう》全《ぜん》／大正大学名誉教授
埼玉学園大学人間学部長

渡《わた》辺《なべ》宝《ほう》陽《よう》／立正大学名誉教授

本書は月刊『大法輪』平成13年10月号に掲載された特集「仏教の名言・箴言集」のほか、平成7年2月号の「初めての仏教　重要語入門」、平成6年9月号の「仏教・珠玉名言集」、平成3年7月号の「日本の仏教を知るキーワード」、昭和61年12月号の「仏教的生き方―自戒の言葉」、昭和61年1月号の「心に残る仏教名句集」、昭和49年11月号の「仏教ことば77語の解説」といった特集、その他、ここ数年間に同誌に掲載された関連記事から〈名句・名言〉を選び、各執筆者からその再掲載の許可を頂戴し、一部の方からは若干の加筆もして頂いて再編集したものです。

仏教名句・名言集

平成18年7月10日　第1刷発行 ©

編　者　大法輪閣編集部
発行人　石原大道
印刷所　三協美術印刷株式会社
製　本　株式会社 越後堂製本
発行所　有限会社 大法輪閣
東京都渋谷区東2－5－36　大泉ビル2F
TEL　(03) 5466-1401(代表)
振替　00130-8-19番

ISBN4－8046－1237－8　C0092